23 PREGUNTAS SOBRE EL INFIERNO

BILL WIESE

CASA
CREACIÓN
A STRANG COMPANY

La mayoría de los productos de Casa Creación están disponibles a un precio con descuento en cantidades de mayoreo para promociones de ventas, ofertas especiales, levantar fondos y atender necesidades educativas. Para más información, escriba a Casa Creación, 600 Rinehart Road, Lake Mary, Florida, 32746; o llame al teléfono (407) 333-7117 en Estados Unidos.

23 preguntas sobre el infierno por Bill Wiese
Publicado por Casa Creación
Una compañía de Strang Communications
600 Rinehart Road
Lake Mary, Florida 32746
www.casacreacion.com

A menos que se indique lo contrario, todos los textos bíblicos han sido tomados de la *Santa Biblia*, versión Reina-Valera, revisión 1960. Usada con permiso.

Otra versión usada es la Santa Biblia, Nueva Versión Internacional ©1999 por la Sociedad Bíblica Internacional, indicada (NVI). Usada con permiso.

Las citas de la Escritura marcadas (LBLA) corresponden a La Biblia de las Américas, Edición de Texto, ©1997 por The Lockman Foundation. Usada con permiso.

Las citas de la Escritura marcadas (DHH) corresponden a la Biblia Dios Habla Hoy, 2ª edición © Sociedades Bíblicas Unidas, 1983.

Las citas de la Escritura marcadas (RV95) corresponden a la Santa Biblia Reina Valera Revisión 1995, Edición de Estudio, © Sociedades Bíblicas Unidas, 1995. Usada con permiso.

Traducido por: María Mercedes Pérez y María del C. Fabbri Rojas
Director de diseño: Bill Johnson

Originally published in the U.S.A. under the title: *23 Questions About Hell*
Published by Charisma House, A Strang Company, Lake Mary, FL 32746
USA

Nota del autor: En citas de la Escritura, y en muchos casos de citas de otros, he añadido itálicas para denotar énfasis en una frase o significados específicos.

Nota a la traducción: La grafía y significado de los términos griegos y hebreos corresponden a la *Nueva concordancia exhaustiva de la Biblia de Strong*, de James Strong, Editorial Caribe, 2003. Usada con permiso.

Library of Congress Control Number: 2010926392
ISBN: 978-1-61638-075-5

10 11 12 13 * 7 6 5 4 3 2 1
Impreso en los Estados Unidos de América

Contenido

CUANDO MI ESPOSA Y yo viajamos y hablamos en iglesias, escuelas y conferencias, nos hacen muchas preguntas respecto al infierno y temas relacionados. Muchas de ellas son preguntas difíciles que cada uno de nosotros se plantea, pero en este libro intentaremos dar respuestas simples y sucintas a veintitrés de las que con mayor frecuencia nos formulan.

Cada respuesta está basada en la Palabra de Dios, pues nuestras opiniones no son importantes. Si usted lee todos los contenidos, la combinación de respuestas le dará una comprensión mucho mejor acerca de algunos de los "porqués" de la vida relacionados con el infierno y la eternidad.

Aunque Dios nos ha dado claramente en su Palabra muchas respuestas e instrucciones, muchas personas siguen luchando con estas dudas. El problema es que la mayoría de las personas no lee su Palabra y por eso quedan desinformadas. Esperamos que ustedes sean inspirados a buscar por sí mismos en la Biblia.

Esto no significa que digamos que podemos tener todas las respuestas. Dios es demasiado grande para que podamos comprenderlo completamente, pero se ha revelado a sí mismo y sus caminos en su Palabra. Simplemente compartiremos lo poco que hemos aprendido y confiamos en que parte de nuestro material le brinde información que usted no haya investigado todavía.

Hay muchas falsas ideas y presuposiciones relativas al carácter de Dios y a quién irá al cielo y quién no. Espero que estas respuestas le den un mejor entendimiento de por qué existe el infierno y le demuestren claramente que somos responsables de las decisiones que tomamos en nuestra vida.

Dios nos ama y nos permite elegir entre tener una relación con Él y ser bendecidos, o ignorarlo y sufrir las consecuencias. La decisión es nuestra. ¿Qué escogerá usted?

—BILL WIESE

23 *preguntas*

Pregunta 1 *¿Es malo Dios por hacer el infierno?*

*Mas Dios muestra su amor para con nosotros, en que siendo aún
pecadores, Cristo murió por nosotros.*

—ROMANOS 5: 8

¿USTED DIRÍA QUE LOS líderes de nuestro país son malos porque
construyen cárceles? No, usted puede decidir; no tiene por qué ir
a dar a ellas. (Vea Deuteronomio 30:19; Salmos 9:17; 86:5; 145:8–9;
Proverbios 11:19, 21; Juan 3:16; Romanos 5:8; 2 Pedro 2:9; Apocalipsis
20:13–15.)

Además, el infierno no fue preparado para el hombre sino para
el diablo y sus ángeles (Mateo 25:41). Dios nunca se propuso que el
hombre fuera allí. Más aún, ahora Él está preparando un lugar para
nosotros en el cielo (Juan 14:2). Es solamente por su rebeldía que
el hombre rechaza la provisión que Dios hizo para que accedamos al
cielo. Es arrogancia del hombre querer ir al cielo, pero exigir hacerlo
según sus propios términos. Si usted quiere vivir en la casa de Dios,
debe ir por el camino de Él y no por el suyo propio (Lucas 13:3; Juan
3:36; 14: 6; Hechos 4:12; Romanos 10:9-10; 1 Timoteo 2:4-6).

¿Por qué es tan horrendo el infierno? Porque los atributos de Dios
no están presentes allí. Muchos no se dan cuenta de que el bien que
todos disfrutamos viene de Dios. Lo *bueno* no existe aparte de Él.
Santiago 1:17 dice: "Todo lo bueno y perfecto que se nos da, viene de
arriba, de Dios, que creó los astros del cielo" (DHH).

La misma palabra, *hetoimazo*, es usada en Mateo 25:41, donde Dios
preparó el infierno para el diablo, y en Juan 14:2, donde Jesús dice:
"Voy, pues, *a preparar* lugar para vosotros" (énfasis añadido). Dios
preparó el cielo como su morada eterna, llena de todos los atributos

de su santidad y gloria. Pero cuando preparó el infierno, retiró todos sus atributos, o bondad, de ese lugar de tormento. La muerte espiritual significa estar separado de Dios y estar separado de Él es estar separado de todo lo bueno. Como consecuencia, éste es el resultado:

▸ El infierno es oscuro porque Dios es luz (1 Juan 1:5).

▸ El infierno es solo muerte porque Dios es vida (Juan 1:4).

▸ El infierno es odio porque Dios es amor (1 Juan 4:16).

▸ El infierno no tiene misericordia porque la misericordia del Señor está en los cielos (Salmos 36:5).

▸ El infierno es solo debilidad porque el Señor es el dador de la fuerza (Salmos 18:32).

▸ El infierno es estrepitoso, porque "mi pueblo habitará en... serenos lugares de reposo" (Isaías 32:18, NVI).

▸ El infierno no tiene agua porque el agua es la lluvia del cielo (Deuteronomio 11:11).

▸ El infierno no tiene paz porque Cristo es el Príncipe de Paz (Isaías 9:6).

El bien que experimentamos es porque Dios permite que lo disfrutemos mientras estamos aquí en la tierra. El Salmo 33:5 dice: "Llena está la tierra de la misericordia del Señor" (LBLA).

Sin embargo, si usted no quiere saber nada de Dios, hay un lugar preparado que no tiene nada de su bondad. La presencia de Dios está allí (Job 26:6; Salmos 139:8; Proverbios 15:11; Apocalipsis 14:10-11), en el sentido de que está delante de Él. Pero su bondad e influencia fueron retiradas. Él mira hacia abajo desde el cielo (1 Reyes 8:30; Job 22:12; Salmos 11:4; 33:13; 102:19; 123:1; Proverbios 15:3; Eclesiastés 5:2).

Por supuesto, Dios está en todas partes y lo ve todo. Simplemente digo que Él ha retirado su bondad del infierno.

Proverbios 15:29 dice: "El Señor está *lejos* de los impíos" (LBLA, énfasis añadido). En 2 Tesalonicenses 1:7b–9 leemos: "Cuando se manifieste el Señor Jesús desde el cielo con los ángeles de su poder, en llama de fuego, para dar retribución a los que no conocieron a Dios, ni obedecen al evangelio de nuestro Señor Jesucristo; los cuales sufrirán pena de eterna perdición, excluidos de la presencia del Señor y de la gloria de su poder".

> *Arrojados de la presencia del Señor* es la idea que está en la raíz de la muerte eterna: la ley del mal librada a su irrestricta operación sin la influencia contraria de la presencia de Dios, quien es la fuente de toda luz y santidad.[1]
>
> —*COMENTARIO CRÍTICO Y EXPLICATIVO*
> *DE TODA LA BIBLIA*

> Esencialmente, el infierno es el lugar del cual todos los aspectos de la presencia de Dios serán totalmente retirados para siempre.[2]
>
> —HENRY. M. MORRIS Y MARTIN E. CLARK

El Dr. Robert A. Peterson dijo en su libro *Hell on Trial* (Proceso al infierno): "Dios no está presente en el infierno en gracia y bendición.... Está presente en el infierno, no en bendición, sino en ira".[3]

Sin embargo, hay algo adicional en el infierno. La ira de Dios está presente en forma de fuego. Los fuegos del infierno son representativos de su ira (Deuteronomio 32:22; Salmos 11:6; 21:8-9; Isaías 30:33; 33:14; 34:9; 66:24; Jeremías 4:4; Malaquías 4:1; Mateo 13:49-50; 18:8; Marcos 9:43; Juan 15:6; Judas 7; Apocalipsis 14:10-11; 20:10-15). La razón de esta ira es que el pecado debe ser castigado (Romanos 6:23). Dios puso su cólera hacia el pecado en la cruz, cuando vertió su ira sobre Jesús (Salmos 22; Isaías 53; Mateo 17:12; 9:12; Lucas 9:22; 17:25; 24:26,46; Hebreos 9:26; 1 Pedro 2:24). Pero si no lo reconocemos y recibimos como nuestro Señor, recibiremos nosotros el castigo (2 Tesalonicenses

1:9-10; 2 Pedro 2:9; Apocalipsis 14:10-11; 20:13-15). La elección es nuestra.

La mayoría de las demás cosas terribles del infierno no se experimentan por la ira de Dios sino por su ausencia —la ausencia de sus atributos y de su bondad (Proverbios 15:29; 2 Tesalonicenses 1:9). Debemos entender que las *cosas buenas* no están aquí por una serie de casualidades, sino porque emanan de la presencia de Dios (Salmos 90:2; Mateo 5:45; Lucas 6:35; Colosenses 1:16; 1 Timoteo 6:17). Ahora, cuando algunos dicen que el infierno es solamente "separación de Dios", como si eso no fuera gran cosa, podemos captar lo que realmente significa.

Muchos mirarán los árboles, el cielo, el océano, etcétera y comentarán: "¿No es estupenda la Madre Naturaleza?". Bien, no es la "Madre Naturaleza", sino el "Dios Padre" quien proveyó toda la belleza que disfrutamos.

Así como las cárceles se construyeron para proteger al inocente de los que quebrantan la ley aquí en la Tierra, el infierno ha sido preparado para los que infringen la ley de Dios. La solución es simple: no viole la ley de Dios. "A menos que se arrepientan, todos ustedes también perecerán" (Lucas 13:3; vea también Juan 3:36; Romanos 10:9-10). Proverbios 27:12 dice:

> El prudente ve el peligro y lo evita; el inexperto sigue adelante y sufre las consecuencias (NVI).

Recuerde este punto: así como las cárceles no eran prioritarias en el pensamiento de los hombres que vinieron a este país, tampoco el infierno fue el primer propósito de Dios cuando hizo la tierra y el hombre. Sin embargo, el infierno existe y si usted va allá, será por su propia culpa.

La salvación es un don gratuito, pero debemos recibirla para ser salvos. Dios lo ama a usted y es un buen Padre. Está tratando de

mantenerlo fuera del infierno y de apartarlo de su rumbo
equivocado.

> El Espíritu del Señor omnipotente está sobre mí,
> por cuanto me ha ungido
> para anunciar buenas nuevas a los pobres.
> Me ha enviado a sanar los corazones heridos,
> a proclamar liberación a los cautivos
> y libertad a los prisioneros,
>
> —ISAÍAS 61.1, NVI

23 *preguntas*

Pregunta 2 *Ustedes, los cristianos, son intolerantes, ¿acaso hay un solo camino al cielo?*

*El que cree en el Hijo tiene vida eterna; pero el que rehúsa creer
en el Hijo no verá la vida, sino que la ira de Dios está sobre él.*

                                                    —Juan 3:36

Sí, HAY UN SOLO camino (Juan 3:36; 14:6; Hechos 4:12; 1 Timoteo 2:5).

Permítame hacer una analogía: Digamos que usted me invitó a cenar a su casa y me dio instrucciones claras para llegar hasta ella. "Vaya al sur por la autopista 96, doble a la derecha en Main Street, suba hasta lo alto de la colina y llegará a mi casa." Usted me explica: "Ése es el único camino a mi casa".

Entonces yo le digo: "Voy a ir al norte por la 95 y doblaré a la derecha en el Blvd. Beach, porque creo que todos los caminos conducen a su casa".

Usted me explica: "Bill, usted no va a llegar a mi casa por ese camino".

Del mismo modo, Dios nos da instrucciones claras para llegar a su casa. ¡Y me parece que Dios sabe dónde vive! Todo cuanto tenemos que hacer es seguir sus claras instrucciones y llegaremos. Esto no significa tener la mente estrecha, sino más bien ser específico (Isaías 45:22; Oseas 13:4; Juan 3:36; 14:6; Hechos 4:12; Efesios 2: 8-9; 2 Tesalonicenses 1:9; 1 Timoteo 2:5; 1 Juan 1:7–9; 4:15).

Puede parecer políticamente incorrecto decir que hay un solo camino, *pero es la verdad.* ¿Por qué podemos aceptar que haya una sola manera de hacer tantas otras cosas de la vida, pero cuando se trata de ir al cielo, desarrollamos súbitamente una actitud tan amplia, de que todo vale?

Un avión solamente puede volar de una manera. El ala debe estar configurada de cierta manera para crear una corriente ascendente. También debe tener cierto tamaño y forma. Se debe aplicar la cantidad correcta de propulsión para hacer que la ley de sustentación sustituya a la ley de gravedad. Hay muchos otros ejemplos de la vida. Sin embargo, ser definido y preciso respecto a los temas espirituales es considerado como miopía.

Un médico le dice que usted tiene una enfermedad y se va a morir. La única manera de que pueda vivir será que tome esta pastilla, la única cura conocida. ¿Usted se negaría a tomar la pastilla simplemente por el hecho de que haya un único remedio (Juan 14:6; Hechos 4:12; 1 Timoteo 2:5)? No, estaría agradecido por esa cura. Usted puede elegir entre tomar la pastilla y vivir, o rechazarla y morirse. La elección es suya, no del doctor. Él solamente se la puede ofrecer. Hay solamente dos opciones: aceptar el remedio o rechazarlo.

En su libro *¿Dónde estaba Dios?*, el Dr. Erwin W. Lutzer brinda una excelente correlación:

> Cuando la noticia de la tragedia del *Titanic* alcanzó al mundo, la cuestión era cómo informar a los parientes si sus seres queridos estaban entre los muertos o los vivos. En la oficina de la White Star Line en Liverpool, Inglaterra, se puso un inmenso tablero; de un lado, un letrero de cartón decía: "Se sabe que están a salvo", y en el otro, otro letrero rezaba: "Se sabe que están perdidos". Cientos de personas se reunieron para mirar atentamente las actualizaciones. Cuando un mensajero traía nueva información, los que esperaban contenían la respiración, preguntándose a qué lado iría y qué nombre sería añadido a la lista.
>
> Aunque en el *Titanic* los viajeros eran de primera, segunda o tercera clase, tras el hundimiento del barco había solamente dos categorías: los salvados y los ahogados. De igual modo, podemos dividir a las personas en muchas clases diferentes sobre la base de la geografía, raza, educación y riqueza. Pero en el Día del

Juicio Final habrá solamente dos clases: los salvos y los perdidos. Solamente hay cielo e infierno.[1]

Usted puede creer su propia opinión, o puede creerle a Jesús. Él dijo en Juan 14:6: "Yo soy el camino, y la verdad, y la vida; nadie viene al Padre, sino por mí". Y Hechos 4:12 dice: "Y en ningún otro hay salvación; porque no hay otro nombre bajo el cielo, dado a los hombres, en que podamos ser salvos". La elección es suya. ¿Está dispuesto a jugarse su posesión más valiosa —su alma— sobre la única base de sus sentimientos? Sería mucho más prudente que basara sus creencias en un libro de reconocido prestigio que ha sido escudriñado por miles de eruditos, historiadores, y otros, y lo han hallado veraz. ¿Sobre qué prueba está usted parado?

Nadie tiene mayor amor que este, que uno ponga su vida por sus amigos.

—JUAN 15:13

•

23 *preguntas*

Pregunta 3 *¿Será Dios malo y desalmado por no permitir que una persona buena entre al cielo?*

Porque por tus palabras serás justificado, y por tus palabras serás condenado.

—MATEO 12: 37

ES UN ERROR COMÚN creer que Dios es malo o desalmado a causa de sus estándares para entrar al cielo. Una encuesta de Barna de 2006 mostraba que el 54 por ciento de los estadounidenses creía que, en general, si usted es una *persona buena*, irá a cielo, y si es malo, al infierno.[1]

Sin embargo, pasar la eternidad en el cielo no depende de *ser bueno* por dos razones: Primera, porque se basa en una relación; y segunda: ¿a qué estándar de *bondad* nos estamos refiriendo? El suyo y el mío podrían ser diferentes. Bien, el estándar de Dios ciertamente es distinto, ya que es mucho más alto que los nuestros.

1. Se basa en una relación.

Veamos la primera razón: suponga que usted llama a la puerta de la casa más cara de la región y les dice: "Vengo a instalarme con ustedes". ¿Qué piensa que le dirían?

"No", ¡por supuesto! Y usted no podría haber esperado que le dieran la bienvenida. Usted no tiene ninguna relación con ellos. Así que quienes cuestionan la imparcialidad de Dios, ¿pueden esperar vivir toda su vida sin tener nada que ver con Él, incluso negando que Jesús sea el Hijo de Dios, y luego, cuando mueran, ir a llamar a la puerta de Dios y decirle: "Disculpe, me estoy mudando con usted"?

¿Por qué piensa usted que tiene derecho a mudarse a la casa de Dios? ¿Por qué Él se lo debería permitir? Usted nunca le pidió que fuera su Padre aunque Él se lo propuso durante su vida terrenal. En realidad, usted no quiso aceptar como su Señor y Salvador a su Hijo, quien le dijo que era el único camino al cielo. Por lo tanto, no existe ninguna relación entre usted y Él (Juan 1:12; 8:14; 17:9; Romanos 9:7-8; Gálatas 3:26). Él no es su Padre, solamente su Creador (Colosenses 1:16). (Vea también Juan 3:36; 11:25-26; 14:6; Hechos 4:12; Romanos 3:30; 10:9-10; 1 Timoteo 2:5; 1 Juan 5:12.)

Usted dice: "¡Pero Él me conoce y se supone que es un Dios amoroso!" Él sabe que usted existe, pero no lo conoce personalmente porque usted no quiso conocerlo. Usted dijo con su propia boca: "No creo que Jesús sea el único camino, o no creo que sea el Hijo de Dios". Serán sus propias palabras las que lo enviarán al infierno.

En Mateo 12:37, el propio Jesús dijo: "Porque por tus palabras serás justificado, y por tus palabras serás condenado".

Si un desconocido viniera a decirle que se está mudando a su casa, ¿tendría justificación para llamarlo a usted *malo* por no permitirle el acceso? ¿Tendría justificación para decir que usted es *desalmado*? No, porque la posibilidad de que esa persona se mude o no con usted no depende de si usted es *amoroso* o no; depende de la *relación* que usted tenga con esa persona.

Así es con nosotros. Si no tenemos una relación con Jesús, no pertenecemos a la familia de Dios, y no tenemos ningún derecho a entrar en su casa. Entonces, ¿quién es el desconsiderado e irrazonable? Nuestra falta de conocimiento no nos excusa. Es como si estuviéramos yendo a excesiva velocidad y le dijéramos al oficial de policía: "¡No vi la señal!"

Imagínese que está en la frontera de otro país y le dice a la Patrulla de Frontera: "Disculpen, soy una persona buena así que quisiera que me autoricen a entrar". No esperaríamos que nos dejaran entrar al país, ¿verdad? Entonces, ¿por qué esperaríamos poder entrar a otro reino? Necesitamos una visa o pasaporte para ingresar a otro país, y necesitamos una relación con Jesús para entrar al cielo. Ser *bueno* no tiene nada que ver con ello.

2. ¿Qué estándar de *bondad*?

Al considerar el segundo punto —"¿A que estándar de *bondad* nos estamos refiriendo?"—, debemos mirar el estándar de Dios, y su estándar del bien es la *perfección* (2 Samuel 22:31; Salmos 18:30; 19:7; Habacuc 1:13; Mateo 5:48; Hebreos 5:9; Santiago 2:10). Sobre la base de este estándar, usted necesitaría ser perfecto para lograr entrar al Reino de Dios. Si usted mintiera o robara o fornicara o tuviera un pensamiento necio aunque fuera una sola vez, quedaría excluido (Proverbios 24:9; 1 Corintios 6:9; Efesios 5:5; Santiago 2:10; Apocalipsis 21:8). Ese estándar es realmente alto.

Así que déjeme preguntarle: ¿Reúne usted esos requisitos? ¿Es perfecto? No, nadie lo es (Romanos 3:10, 12, 20; Gálatas 2:16; 2 Timoteo 1:9). La entrada al cielo no depende de ser bueno —y es una buena cosa que así sea. Si dependiera, ninguno de nosotros entraría (Juan 1:12; Romanos 3:20-26; 2 Corintios 5:21; Efesios 1:7; 2:8-9; 1 Juan 4:15). Gracias a Dios, el cielo es un don gratuito, no podemos ganarlo.

El único camino al cielo es la Cruz. Jesús dijo: "Yo soy el camino, y la verdad, y la vida; nadie viene al Padre, sino por mí" (Juan 14:6). No importa con qué creencia usted haya crecido, y no intento menospreciar ninguna creencia. Pero estoy aquí para disuadirlo de creer en cualquier cosa distinta de lo que Jesús dijo. Él es el único camino.

Apocalipsis 21:8 dice: "Pero los... incrédulos... tendrán su parte en el lago que arde con fuego y azufre". En Mateo 7:23, Jesús dijo: "Y entonces les declararé: Nunca os conocí; apartaos de mí, hacedores de maldad". ¡Qué terrible sería escuchar eso de sus labios! El hecho de que nos dé una oportunidad de estar en relación con Él prueba que es un Dios amante. Escoger la vida es una decisión nuestra.

Si usted quiere discutir con Él, tendrá esa oportunidad en el Día del Juicio Final (Apocalipsis 20:13-15), cuando Jesús será el Juez.

Porque tú, Señor, eres bueno y perdonador,
Y grande en misericordia para con todos los que te invocan.

—SALMOS 86:5

23 *preguntas*

Pregunta 4 *¿Usted diría que Dios es desalmado por enviar gente al infierno?*

Entrad por la puerta estrecha; porque ancha es la puerta, y
espacioso el camino que lleva a la perdición, y muchos son los que
entran por ella; porque estrecha es la puerta, y angosto el camino
que lleva a la vida, y pocos son los que la hallan.

—MATEO 7:13-14

¡**D**IOS NO ESTÁ ENVIANDO a nadie al infierno! Ya todos estamos automáticamente camino al infierno (Mateo 7:13-14; Juan 3:17-18). La razón que Dios tuvo para enviar a su Hijo a la Tierra fue precisamente sacarnos de ese camino (Juan 6:40; 12:47).

Una encuesta de Harris de 2003 mostró que el 69 por ciento de los estadounidenses cree en el infierno, pero solamente el 1 por ciento piensa que va a ir allá.[1] Sin embargo, en Mateo 7:13, Jesús dijo: "Ancha es la puerta, y espacioso el camino que lleva a la perdición, y muchos son los que entran por ella."

La mayoría no comprende que ya todos están camino al infierno (Mateo 18:3; 19:14). Esto es así porque todos nacemos en pecado y ya estamos condenados. Juan 3:18 dice: "El que no cree, ya ha sido condenado". El Salmo 51:5 dice: "Yo sé que soy malo de nacimiento; pecador me concibió mi madre" (NVI). (Vea también Salmos 143:2; Romanos 3:10, 12, 23; 5:14, 17-18; 6:23; Efesios 1:7; 1 Timoteo 2:5-6.)

Si Él no hubiera venido a morir en nuestro lugar, todos terminaríamos en el infierno. Como todos somos pecadores, no podemos vivir en su Reino perfecto mientras lo seamos. Debemos recibir un nuevo corazón y un nuevo espíritu. Nos convertimos en nuevas criaturas en Cristo (2 Corintios 5:17) cuando confiamos en el Hijo y en su sangre derramada por nuestros pecados (Romanos 5: 8; 1 Juan 1:7). Él no dejará que un hombre pecador entre al cielo, porque corrompería o profanaría el cielo así como hicimos con la tierra (Apocalipsis 21:27).

Algunos siguen pensando que Él es malo por permitir que muchos sufran en ese lugar de tormento. Pero éste es el mismo Dios que sufrió una muerte atroz en la cruz para salvarnos del infierno. Él nos ama a todos, incluso a quienes lo han negado y quienes se burlan de Él (1 Crónicas 16: 34; Esdras 7:9; Salmos 119:66-68; 122:9; 143:10; 145:9; Romanos 5:8; 1 Corintios 15:3-4; Gálatas 1:4; Efesios 2:4-5).

El Dr. Chuck Missler dijo:

> La conclusión es que Dios no envía a la gente al infierno. La gente va a parar al infierno porque se niega a volverse a Él para obtener el perdón y el amor provistos para ellos por medio de la sangre derramada de su Hijo, Jesús.[2]

La mayoría de la gente nunca ha leído la Biblia para encontrar lo que declara sobre los requisitos para entrar al cielo. Sencillamente creemos en lo que sentimos. O peor aún, creemos que todos los caminos llevan al cielo. Este enfoque amplio y descuidado del modo de entrar en otro reino es lisa y llanamente ignorancia. El porcentaje de los que morirán es del cien por ciento. Pero muchos toman una actitud caprichosa respecto a algo tan serio. Se nos ha dado una elección: Creer en Él o negarlo.

Si usted juega Monopolio, debe hacerlo según las reglas establecidas. Usted no usa las reglas de otro juego para jugar al Monopolio, ¿verdad? ¿Por qué algunos piensan que Dios debe seguir nuestras reglas y no nosotros las suyas? Él es el diseñador, no nosotros. Cuando usted participa de un juego en particular y comprende sus reglas, puede jugar disfrutando y entendiéndolo. Tiene sentido para usted. Pero antes de conocer las reglas, no lo comprende y no le encuentra sentido. Así sucede con las cosas de Dios.

Algunas personas tienen una visión retorcida de Dios porque tuvieron una relación negativa con su padre terrenal. Esto, a su vez, hace que rechacen a un Padre celestial. Quizás usted ha experimentado abuso, dolor y abandono de su padre. A causa de su experiencia, ve a Dios y a sus órdenes como severas, opresivas, onerosas y exigentes.

Cuando oye términos bíblicos como "servir" y "obedecer", lo hacen enfadar. ¡Para muchos, *servir* y *obedecer* a alguien tiene una connotación negativa semejante a la esclavitud y la tiranía! Dios les parece malo e injusto, dispuesto a pegarles en la cabeza en cuanto lo disgusten. Todavía no se dan cuenta de que la razón por la cual Dios quiere que lo sirvamos y obedezcamos es para que Él pueda protegernos del mal. Como resultado, evitan todo lo relacionado con Dios, la iglesia o los cristianos. Por sus almas dañadas, rehúsan ese amor y rechazan a Dios.

Otros han recibido de la religión una imagen retorcida de Dios. La religión representa al Padre cuya aprobación usted se esfuerza por conseguir, pero nunca obtiene. Usted nunca es lo suficientemente bueno para recibir el amor y la aprobación de Dios. La religión le enseña que usted debe guardar incontables reglas, pero nunca sabe por qué. Tampoco conoce jamás a Dios personalmente, y en realidad no le parece que Él sea alguien con quien usted quiera pasar tiempo, porque es demasiado exigente.

Ése no es el Dios de la Biblia. Él ha sido sumamente distorsionado con el paso de los siglos. No, Dios no es malo, sino que ha previsto un camino para que todos vivan con Él en cielo por toda la eternidad. Nosotros somos malos y desalmados por no apreciar su existencia. En gran medida, no es la Palabra de Dios sino las tradiciones de hombres que se nos enseñaron lo que enmarcan nuestras creencias respecto al cielo. Si la leemos, la Palabra de Dios nos enseñará la verdad sobre el cielo.

Clemente y misericordioso es Jehová,
Lento para la ira, y grande en misericordia.
Bueno es Jehová para con todos,
Y sus misericordias sobre todas sus obras.

—SALMOS 145:8-9

23 *preguntas*

Pregunta 5 *¿No establece la ciencia que el hombre viene del reino animal?*

*El temor y el miedo de vosotros estarán sobre todo animal de
la tierra, y sobre toda ave de los cielos, en todo lo que se mueva
sobre la tierra, y en todos los peces del mar; en vuestra mano son
entregados.*

—Génesis 9:2

▼

SI EL HOMBRE PROCEDE del reino animal, ¿de dónde le viene la
conciencia?

Además, ¿por qué la mayoría de la gente adora a Dios, aunque
su dios sea diferente del Dios de la Biblia? Lo hacen porque tienen
conciencia de un ser supremo. Los animales no lo hacen. ¿Por qué?
Porque el hombre está hecho a imagen de Dios y los animales no.

Si el hombre no adora a Dios, generalmente adora otra cosa, como
el dinero, el poder, las cosas materiales, e incluso a sí mismo. ¡Usted
no verá a ningún animal que haga eso! (Vea también Génesis 1:1, 26;
Juan 8:9; Hechos 24:16; Romanos 1:20-21; 2:15; 9:1; 2 Corintios 1:12;
4:2; 1 Timoteo 1:5, 19; 1 Pedro 2:19; 3:16, 21.)

Esto me trae a otro asunto relacionado: algunos han sugerido que
Dios tiene un problema de ego, ya que exige ser adorado. Permítame
aclarar esa cuestión ahora mismo. Ante todo, Dios no exige; declara.
Le da a elegir, pero le informa las consecuencias si usted decide no
adorarlo. Es para nuestro beneficio que nos dice que lo adoremos. La
adoración es el canal de la bendición. Dios nos dice que lo adoremos
porque ésa es la manera en que puede bendecirnos.

Vea usted, el hombre fue hecho para adorar a Dios, y si no lo hace,
adorará alguna otra cosa, y cualquier otra cosa le resultará perjudi-
cial. Dios no necesita nuestra adoración. Si pensamos que sí, ¿quién

tiene realmente el problema de ego? ¿De verdad pensamos que Dios necesita nuestra adoración, como si fuéramos tan importantes?

Otra razón para adorarlo es porque *Él es Dios*. No quiero sonar condescendiente, pero le doy una pista. Dios merece nuestra adoración. Es el Dador de nuestro próximo aliento. Debemos estarle agradecidos porque nos da la vida y se preocupa por nosotros. Es el Creador del universo y ¿de veras tenemos problemas para adorarlo? ¡Difícilmente!

Si el hombre viniera del reino animal, ¿por qué no iba a estar contento? Habría obtenido la posición más alta de todo el reino animal y, por así decirlo, "llegado". Pero el hombre siempre sigue luchando por superarse y nunca se siente satisfecho. ¿La razón? Como el hombre fue creado a imagen de Dios (Génesis 1:26), y no viene de una forma inferior de vida, siempre estará luchando por superarse.

La separación es nítida y obvia: se ve en la capacidad humana de amar, su compasión, su razón, y su dominio sobre el planeta. Dios dio al hombre dominio sobre la tierra, y puso en el reino animal una necesidad innata de temer al hombre (Génesis 1:26-28; 9:2). ¿Por qué iban a temernos si viniéramos de su especie? Es sólo porque Dios dijo que sería así. Hay una diferencia inmensa entre un simio y un hombre. Es difícil creer que algunos sean incapaces de ver lo obvio.

Si no hay Dios, entonces ¿no se hará justicia con los Hitlers de este mundo? Como no habría juicio final, nunca se haría justicia. Si nuestros pecados no tienen ninguna consecuencia, ¿por qué las personas se esfuerzan por hacer lo correcto? Si solamente pertenecemos al reino animal, la supervivencia del más fuerte no debería molestarnos. ¿De dónde nos viene esta preocupación por otros? Los animales no poseen esa característica. Estos son pensamientos y preguntas legítimos que uno debe ponderar y considerar si cree en la evolución.

En su libro *Creation* (Creación), el Dr. Grant R. Jeffrey escribe:

Un teólogo inglés, William Paley, fue la primera persona que en los siglos recientes articuló el "argumento del diseño"... "No puede haber diseño sin un diseñador". Paley argumentó que un hombre que descubriese un reloj mientras caminaba por el bosque sería forzado por la lógica y el sentido común a reconocer que la complejidad, los materiales, y el diseño del reloj —indiscutible, intrincado y dirigido al objetivo de poder medir con precisión el paso del tiempo—, lo conducirían a la conclusión lógica de que debe existir un relojero inteligente...

Paley escribió: "Los artilugios de la naturaleza superan los artilugios del arte, en complejidad, sutileza y curiosidad del mecanismo".[1]

En otras palabras, usted no diría que, con el andar del tiempo, mientras los vientos soplaban, y las arenas se esparcían por el suelo, ese reloj tan hermoso empezó a formarse un día; y que después de millones de años llegó a ser este reloj perfecto que puede dar la hora exacta. No, usted no pensaría una idea tan tonta. Pues bien, la muñeca que lleva el reloj es mucho más compleja que él. Al ver todo el orden que nos rodea, es del todo evidente que debe haber un diseñador. Así como el reloj obviamente debió tener un diseñador, lo mismo sucede con nosotros.

Si alguien no cree en Dios, usualmente cree que la "naturaleza" es la razón de nuestra existencia. En el libro *Y ahora ... ¿cómo viviremos?* Charles Colson dice:

El naturalismo es la idea de que la naturaleza es la única cosa que existe, que la vida surgió de una coalición al azar de átomos, que finalmente evolucionaron hasta ser la vida humana tal como la conocemos hoy. En este sentido amplio, el naturalismo puede incluso incluir ciertas formas de religión —aquellas en que lo espiritual es concebido como algo completamente intrínseco a nuestra naturaleza, como por ejemplo las religiones neopaganas y la Nueva Era.... Si la naturaleza es lo único que existe, entonces no hay fuentes trascendentes de verdad moral, y nosotros tenemos libertad de construir una moralidad propia. Cada principio queda reducido a una preferencia personal. En contraste, el cristiano cree en un Dios que ha hablado y ha revelado un estándar absoluto e inmutable de lo bueno y lo malo, un estándar que está basado en su propia santidad.[2]

Usted o cree en Dios o cree que todo ocurrió por accidente. Si su posición es esta última, la naturaleza manda y no hay nadie a quien usted tenga que dar cuenta. Hay un creciente número de científicos que no cree en la evolución, a la vez que más evidencias del diseño van apareciendo y se hacen patentes. Incluso muchos de los que respaldan la evolución no pueden explicar el delicado equilibrio de todas las leyes y la precisión en virtualmente cada aspecto de nuestro universo. Con todo ese diseño, debe haber un diseñador.

Para mí hay poderosas evidencias de que hay algo que sucede detrás de todo.... Parece como si alguien sintonizara finamente los números de la naturaleza para hacer el universo.... La impresión del diseño es irresistible.[3]

—PAUL DAVIES,
PROFESOR DE FÍSICA TEÓRICA

Si uno considera las posibles constantes y leyes que podrían haber emergido, las probabilidades en contra de un Universo que produjera vida como la nuestra es inmensa.[4]

—STEPHEN HAWKING,
ASTROFÍSICO

Una interpretación de sentido común de los hechos... sugiere que un superintelecto ha andado tocando la física, tanto como la química y la biología, y que no hay fuerzas ciegas de las que valga la pena hablar en la naturaleza.[5]

—SIR FRED HOYLE,
UN EVOLUCIONISTA COMPROMETIDO

Encuentro imposible que tal orden saliera del caos. Tiene que haber algún principio organizador. Dios para mí es un misterio, pero es la explicación para el milagro de la existencia, de por qué hay algo en lugar de nada.[6]

—ALAN SANDAGE,
ASTRÓNOMO

Si el universo no hubiera sido hecho con la precisión más exigente, nunca podríamos haber venido a la existencia. Es mi opinión que estas circunstancias indican que el Universo fue creado para que el hombre viva en él.[7]

—JOHN O'KEEFE,
ASTRÓNOMO DE LA NASA, CIENTÍFICO Y PROFESOR

En su libro *La mente nueva del emperador*, el Dr. Roger Penrose dice lo siguiente de su conclusión final respecto a la precisión de la naturaleza de la creación: "Esto nos dice cuán preciso debe haber sido el objetivo del Creador, concretamente una exactitud de una parte en 10 a la 123".[8]

Los antiguos filósofos griegos estaban asombrados con el orden que impregna el cosmos y muchos de ellos atribuyeron ese orden a la obra de una mente inteligente que modeló el Universo.[9]

—WILLIAM LANE CRAIG

El Centro Nacional para la Educación Científica, cuya función específica es monitorizar y oponerse a las actividades de los creacionistas, recomienda que los evolucionistas declinen siempre invitaciones creacionistas a debatir, reconociendo que probablemente perderán el debate... Explica: "...Porque no hay verdadera evidencia científica para la evolución".[10]

—HENRY MORRIS

Alabad al Señor... El cual hizo los cielos y la tierra, el mar, y todo lo que en ellos hay... El cuenta el número de las estrellas; a todas ellas llama por sus nombres... ¿Quién midió las aguas con el hueco de su mano y los cielos con su palmo, con tres dedos juntó el polvo de la tierra, y pesó los montes con balanza y con pesas los collados? Mi mano fundó también la tierra, y mi mano derecha midió los cielos con el palmo... El está sentado sobre el círculo de la tierra... Que extiende los cielos como una cortina... Porque Jehová es excelso, y atiende al humilde... Oh Jehová, ¿qué es el hombre, para que en él pienses? ... porque asombrosa y maravillosamente he sido hecho... ¡Cuán preciosos me son, oh Dios, tus pensamientos! ¡Cuán grande es la suma de ellos! Si los enumero, se multiplican más que la arena... Alabadle por sus hechos poderosos.

—SALMOS 136:3; 146:6, 147:4; ISAÍAS 40:12; 48:13; 40:22; SAL 104:2B; 138:6; 144:3; 139:14, LBLA; 139:17-18A; 150:2, LBLA.

23 *preguntas*

Pregunta 6 *¿Dónde está Dios cuando golpea el desastre (terremoto, maremoto, huracán, etc.)?*

Si se humillare mi pueblo, sobre el cual mi nombre es invocado,
y oraren, y buscaren mi rostro, y se convirtieren de sus malos
caminos; entonces yo oiré desde los cielos, y perdonaré sus pecados,
y sanaré su tierra.

—2 CRÓNICAS 7:14

MUCHAS PERSONAS SON RÁPIDAS para apuntar con el dedo cuando golpea el desastre, pero en todas las buenas épocas esas mismas personas niegan que Dios exista y de ninguna manera le dan gracias por esos buenos tiempos (Salmos 18:49; 30:12; Colosenses 1:3, 12; 1 Tesalonicenses 5:18).

El desastre usualmente no viene de Dios, como usted verá en el próximo capítulo. En la tierra hay fuerzas malvadas y debemos orar para que Dios intervenga y frene el mal (Juan 10:10).

Dios puede, por supuesto, enviar una peste o un desastre si decide hacerlo, pero usualmente el desastre es resultado de una o más de las cinco razones que apunto en el próximo capítulo. Si Dios envía destrucción, por lo general se debe a la rebelión y pecado continuos, y lo hace después de haber realizado muchas advertencias que no fueron atendidas.

La mayoría de los hombres no oran. Pero Jesús nos dijo que orásemos que su voluntad sea hecha en la tierra como en el cielo (Mateo 6:10). En otras palabras, si no oramos, su voluntad no siempre se hace. No hay ningún desastre en el cielo y ésa es también su voluntad para la tierra. Si orásemos, Dios se involucraría en mayor grado, porque la oración da lugar a su intervención (2 Crónicas 7:14).

En su libro *Through the Windows of Heaven* (A través de las ventanas del cielo), el Dr. Walter Martin dijo:

> No cuestione los atributos de piedad y compasión de Dios. Cuestione el desorden que hicimos en la tierra en la cual vivimos. Cuando Dios la creó, no fue para que terminara así. La belleza que está en el mundo entero era la idea de Dios. El desorden es nuestro. Y ahora, cuando miramos y vemos un mundo maldecido por el pecado, y vemos el juicio de ese mundo... culpamos a Dios.[1]

El Dr. Erwin Lutzer dijo: "A menudo las mismas personas que después de un desastre se preguntan dónde estaba Dios, se niegan ingratamente a adorarlo y honrarlo por años de paz y tranquilidad. Ignoran a Dios en los tiempos buenos, pero piensan que Él está obligado a proveerles ayuda cuando vienen los tiempos malos."[2] (Vea también la próxima pregunta sobre por qué existe el mal.)

Vivimos en un mundo caído y cada día los hombres deciden pecar y desobedecer a Dios. Nuestras decisiones y pecados tienen consecuencias. También hay una ley de la siembra y la cosecha. La destrucción es un resultado del pecado (Proverbios 13:21).

Además, Dios le ha dado al hombre la tierra y dominio sobre ella (Génesis 1:28; Salmos 115:16). También le ha dado al hombre nacido de nuevo poder sobre el diablo (Lucas 10:19). El desorden en el que está la tierra no es culpa de Dios sino del hombre. Si Dios no estuviera interviniendo a través de la oración del ser humano, nos habríamos destruido hace ya mucho tiempo.

> Porque él es benigno para con los ingratos y malos.
>
> —LUCAS 6:35

23 *preguntas*

Pregunta 7 *Si hay un Dios, ¿por qué hay tanto mal en el mundo?*

Sed sobrios, y velad; porque vuestro adversario el diablo, como
león rugiente, anda alrededor buscando a quien devorar.

—1 PEDRO 5: 8

SI NO HAY DIOS, ¿entonces por qué hay tanto bien en el mundo? ¿De dónde viene el "bien" (Salmos 33:5; Lucas 6:35; 12:32; Hebreos 6:5; Santiago 1:17; 3 Juan 11)?

La pregunta por el mal en el mundo es una cuestión compleja y merece una respuesta integral. Esta respuesta será comparativamente más larga que las otras, ya que la comprensión de este asunto ayudará a clarificar las respuestas a otros.

La razón por la que creo que esta pregunta se relaciona con el infierno es que muchos piensan que Dios es el responsable de los desastres y lo suficientemente malo para enviar a la gente al infierno. Su idea es: "Si Él si no causa la tragedia, ¿por qué no la detiene?". Este razonamiento los lleva a la conclusión de que Dios es desalmado y envía arbitrariamente a quienquiera al infierno. Esto es totalmente erróneo; además, el mal que existe no es, en su mayor parte, causado por Dios.

El mal existe por muchas razones, de las que enumero cinco:

1. Satanás es el dios de este mundo. Él causa la muerte y la destrucción, no Dios.

2. Los hombres tienen libre albedrío para obedecer a Dios y ser bendecidos o desobedecerlo y ser maldecidos. La elección es suya.

3. Lo que un hombre siembra, eso cosechará.

4. Hay una ley del pecado y de la muerte, y opera

exactamente como la ley de la gravedad.

5.   La propia tierra se rebela contra el pecado.

Más adelante veremos con más detalle cada una de estas razones.

Debemos conocer sus caminos

Una de las falsas ideas comunes es que el hombre no puede saber por qué existe el mal en nuestro mundo. Aun muchos cristianos responderán con Isaías 55:8–9, que dice:

> "Porque mis pensamientos no son vuestros pensamientos, ni vuestros caminos mis caminos, dijo Jehová.
>
> Como son más altos los cielos que la tierra, así son mis caminos más altos que vuestros caminos, y mis pensamientos más que vuestros pensamientos."

Las personas malinterpretan estos versículos llegando a la conclusión que no podemos conocer los porqués de la vida. Sin embargo, debemos considerar a quiénes les estaba hablando Dios en ese versículo. En el precedente, Él nos dice que es "el impío": "Deje el impío su camino, y el hombre inicuo sus pensamientos" (v. 7), no sus hijos. El impío no puede conocer los caminos de Dios, pero se espera que nosotros los conozcamos. Él nos dice cuál es su voluntad y por qué el mal existe.

Usted dice: "Pero, ¿y la soberanía de Dios?" Por supuesto que Dios es soberano, pero solamente lo ejerce fuera de su Palabra. En otras palabras, Él no hará nada contrario a lo que ya ha escrito y su Palabra nunca cambiará (Salmos 89:34; 119:89). Su Palabra escrita declara su voluntad y Él espera que nosotros sepamos lo que dice.

Por ejemplo, recuerde que cuando Jesús estaba a punto de curar a la mujer encorvada por una enfermedad que la tenía tullida, dijo: "Y a esta hija de Abraham, que Satanás había atado dieciocho años, ¿no se le debía desatar de esta ligadura en el día de reposo?" (Lucas 13:16). Él esperaba que ellos supieran que ella tenía derecho a ser desatada, pues dijo: "¿no se debía...?" como pregunta retórica.

Qué diremos de cuando Jesús se acercó a la ciudad de Jerusalén, y lloró, diciendo: "Oh, si... conocieses... el tiempo de tu visitación" (Lucas 19:42, 44). Las personas eran responsables de conocer las Escrituras (Hebreos 10:7), las cuales hablan del día en que Él entraría en Jerusalén como el Salvador del mundo (Salmos 118:21-24; Isaías 25:8-9; Zacarías 9:9).

Igualmente, cuando los apóstoles no podían expulsar al demonio del niño en Mateo 17:17, Jesús dijo: "¡Oh generación incrédula y perversa! ¿Hasta cuándo he de estar con vosotros?". Esperaba que para entonces ellos ya comprendieran lo que Él estaba haciendo y tuvieran la fe requerida para creer en su misión.

Cuando Jesús les hablaba a los discípulos sobre el sufrimiento que pronto soportaría, Pedro lo reprendió, diciendo: "¡Esto no te puede pasar!" (Mateo 16:22, DHH).

Jesús le respondió: "¡Apártate de mí, Satanás, pues eres un tropiezo para mí! Tú no ves las cosas como las ve Dios, sino como las ven los hombres" (v. 23, DHH). Jesús no dijo: "Está bien, Pedro. Sé que tuviste buenas intenciones". No, a Él no le interesaba tratar de que Pedro se sintiera cómodo en su error. Pedro debería haber conocido las Escrituras que decían que Jesús tenía que sufrir y morir (Salmos 22; 34:20; 41:9; Isaías 7:14; 50:6; 53:5; Oseas 11:1; Amós 8:9; Miqueas 5:2; Zacarías 9:9). Jesús le dejó saber a Pedro que Satanás estaba hablando a través de su ignorancia. Eso era fuerte y podemos pensar que fue ofensivo. Pero era necesario que Pedro conociera la verdad. Jesús no se andaba con miramientos.

Muchas veces nosotros sí lo hacemos. Tratamos de aliviar el dolor de alguien, lo cual es bueno, pero no debe hacerse a expensas de distorsionar la Palabra de Dios. Por lo tanto depende de nosotros encontrar exactamente qué está escrito, porque somos responsables de ese conocimiento.

Si un niño pequeño muere, muchos comentarán: "Bien, el buen Señor lo llevó a su hogar". No, eso no es lo que dice la Palabra de Dios. En Proverbios 4:10 leemos: "Oye, hijo mío, y recibe mis razones, y se te multiplicarán años de vida". El Salmo 91:16 dice: "Lo saciaré de larga vida, y le mostraré mi salvación" (Vea también Éxodo 23:26; Deuteronomio 25:15; 1 Reyes 3:14; Proverbios 3:2, 16; 7:1-2; 9:11; 10:27; 19:23; 28:16; Efesios 6:3). Usted puede ver por esos versículos que la voluntad de Dios es que vivamos vidas largas.

Muchos preguntarán: "¿Por qué a las buenas personas les pasan cosas malas?". Realmente no están esperando una respuesta. Ellos preguntan como si "nunca pudiéramos saberlo". Incluso, esta falta de conocimiento de su Palabra ha llevado a que muchos supongan que Dios también es el responsable de las cosas malas que suceden. En nuestra ignorancia, acusamos falsamente a Dios, culpándolo por las tragedias. No es Dios quien mata. Él es el dador de la vida, no el que la quita (Juan 10:10).

Nadie argumentará que no es la voluntad de Dios que todos se salven, ¿verdad? ¿Por qué? Porque eso está muy claro en la Biblia. Del mismo modo, los otros temas también están detalladamente explicados en su Palabra, tal como los versículos que prometen larga vida que listamos más arriba.

Observemos más de cerca algunos versículos que dicen claramente que debemos conocer sus caminos.

> Si alguien ha de gloriarse,
> que se gloríe de conocerme.
>
> —JEREMÍAS 9:24, NVI

... Él nos hizo conocer el misterio de su voluntad...

> —EFESIOS 1:9, NVI

Por tanto, no seáis insensatos, sino entendidos de cuál sea la
voluntad del Señor.

—EFESIOS 5:17

Por eso, desde el día en que lo supimos no hemos dejado de orar
por ustedes. Pedimos que Dios les haga conocer plenamente su
voluntad con toda sabiduría y comprensión espiritual.

—COLOSENSES 1: 9

Y, volviendo al hecho de que Dios es soberano, el otro punto es:
si usted no está en la familia de Dios, no tiene ninguna garantía de
una vida larga ni ninguna promesa de bendición. Deuteronomio
28:66 dice: "Y tendrás tu vida como algo que pende delante de ti, y
estarás temeroso de noche y de día, y no tendrás seguridad de tu vida".
Solamente cuando estamos en su familia tenemos estas garantías, si
nos apropiamos de ellas mediante la fe y la obediencia.

Si no leemos y estudiamos (Proverbios 15:28; Colosenses 4:6; 2
Timoteo 2:15; 1 Pedro 3:15), no sabremos cuál es su voluntad. En
lugar de ella, expresaremos nuestra propia opinión y muchas veces
culparemos a Dios falsamente. Por supuesto no podemos saber todas
las cosas, pero en la mayoría de los casos, su Palabra nos declara los
caminos de Dios y su voluntad.

Por qué ocurre lo malo

1. Satanás es dios de este mundo (2 Corintios 4:4).

La primera razón por la que ocurre lo malo es ésta: Satanás es quien
causa toda la destrucción. He aquí algunos versículos que nos revelan
esto:

Y a esta hija de Abraham, que Satanás había atado dieciocho años,
¿no se le debía desatar de esta ligadura en el día de reposo?

—LUCAS 13:16

El ladrón no viene sino para hurtar y matar y destruir; yo he venido para que tengan vida, y para que la tengan en abundancia.

—JUAN 10:10

...cómo Dios ungió con el Espíritu Santo y con poder a Jesús de Nazaret, y cómo éste *anduvo haciendo bienes y sanando a todos* los oprimidos por el diablo, porque Dios estaba con él.

—HECHOS 10: 38, ÉNFASIS AÑADIDO

... el tal sea entregado a *Satanás para destrucción de la carne*, a fin de que el espíritu sea salvo en el día del Señor Jesús.

—1 CORINTIOS 5:5, ÉNFASIS AÑADIDO

Para esto apareció el Hijo de Dios, para deshacer las obras del diablo.

—1 JUAN 3: 8

Cuando un padre vino a Jesús trayendo a su hijo que tenía un espíritu mudo, le dijo a Jesús que "muchas veces le echa en el fuego y en el agua, para matarle" (Marcos 9:22). Pero Jesús "reprendió al espíritu inmundo, diciéndole: Espíritu mudo y sordo, yo te mando, sal de él, y no entres más en él. Entonces el espíritu, clamando y sacudiéndole con violencia, salió" (v. 25, 26a). Recuerde, Dios es un Dios bueno, y es el diablo quien es malvado. Jesús dijo en Lucas 9:56: "porque el Hijo del Hombre no ha venido para perder las almas de los hombres, sino para salvarlas".

Como usted puede ver, es Satanás quien causa la destrucción, no Dios. Para captar esto cabalmente, es imperativa la lectura de estos versículos: Salmos 107:17; Proverbios 13:20; 16:6; 19:23; 2 Corintios 2:10-11; Efesios 6:2-3; Santiago 4:7; 1 Pedro 5:8. La razón por la que doy esta lista de versículos es porque mis opiniones no significan nada. Solamente la Palabra de Dios tiene autoridad y es la verdad.

2. A los hombres se les ha dado libre albedrío.

La segunda razón por la que existe el mal en el mundo es porque a los hombres les ha sido dado libre albedrío y pueden elegir obedecer a Dios y ser benditos, o desobedecerlo y estar malditos.

> A los cielos y a la tierra llamo por testigos hoy contra vosotros, que os he puesto delante la vida y la muerte, la bendición y la maldición; escoge, pues, la vida, para que vivas tú y tu descendencia;
> —DEUTERONOMIO 30:19

> "...haré recaer sobre ellos todo el mal que han hecho. Lo afirma el Señor omnipotente."
> —EZEQUIEL 22:31, NVI

El hombre tiene la elección y una razón por la que decide desobedecer a Dios es que no quiere hacerse responsable de su pecado. Se niega a ver la verdad y hallará cualquier excusa para menospreciar la Palabra de Dios. Su terca voluntad hace que rechace el evangelio. Estos versículos nos muestran el verdadero corazón del hombre sin Dios.

> ...pues ante ti nadie puede alegar inocencia.
> —SALMOS 143:2, NVI

> El corazón del hombre rebosa de maldad; la locura está en su corazón toda su vida.
> —ECLESIASTÉS 9:3, NVI

> ... escogieron sus propios caminos, y su alma amó sus abominaciones... porque llamé, y nadie respondió; hablé, y no oyeron, sino que hicieron lo malo delante de mis ojos, y escogieron lo que me desagrada.
> —ISAÍAS 66:3-4

> Engañoso es el corazón más que todas las cosas, y perverso; ¿quién lo conocerá?
> —JEREMÍAS 17: 9

La soberbia de tu corazón te ha engañado.

—ABDÍAS 3

Porque el corazón de este pueblo se ha engrosado,
Y con los oídos oyen pesadamente,
Y han cerrado sus ojos.

— MATEO 13:15

...porque las tinieblas le han cegado los ojos.

—1 JUAN 2:11

Si obedecemos a Dios, seremos bendecidos. Una de las principales razones por las que Dios dice explícitamente en su Palabra que debemos obedecerle es porque desea bendecirnos, y solamente puede hacerlo a través de la obediencia. Esto es lo que su Palabra nos promete:

Si oyeren, y le sirvieren,
Acabarán sus días en bienestar,
Y sus años en dicha.

—JOB 36:11

La maldición de Jehová está en la casa del impío,
Pero bendecirá la morada de los justos.

—PROVERBIOS 3:33

Riquezas, honra y vida
Son la remuneración de la humildad y del temor de Jehová.

—PROVERBIOS 22:4

¿Están ustedes dispuestos a obedecer?
¡Comerán lo mejor de la tierra!

—ISAÍAS 1:19, NVI

Dios... recompensa a quienes lo buscan

—HEBREOS 11:6

...y recibimos todo lo que le pedimos porque obedecemos sus mandamientos y hacemos lo que le agrada.

—1 JUAN 3:22

Lea el capítulo 28 de Deuteronomio, que pinta un cuadro muy claro de quienes obedecen y quienes no lo hacen. Allí verá todas las bendiciones o todas las maldiciones que vendrán sobre usted. Eso lo animará a obedecer la Palabra de Dios, y también infundirá en usted el temor de Dios, si es que aún no lo tiene.

Algunos piensan que el Dios del Antiguo Testamento era malo y no se parecía en nada a Jesús. Eso es totalmente falso, puesto que Dios no cambia (Malaquías 3:6; Hebreos 13:8). Siempre ha sido un Dios amante, pero es también un Dios justo y un juez recto (Deuteronomio 32:4; Salmos 96:13). Porque es santo, Dios odia el pecado, por lo que es algo que se tiene que tratar (Levítico 19:2; Salmos 5:5; 119:104; Habacuc 1:13; Romanos 6:23; 1 Pedro 1:16; Apocalipsis 15:4). Mire los siguientes versículos y verá el corazón de Dios y cómo siempre ha sido amoroso y perdonador:

"¡Vuelve, apóstata Israel!", afirma el Señor.
"...porque soy misericordioso...
Tan sólo reconoce tu culpa,
y que te rebelaste contra el Señor tu Dios".

—JEREMÍAS 3:12-13, NVI

El Señor dice: "Recorran las calles de Jerusalén,
miren bien, busquen por las plazas,
a ver si encuentran a alguien
que actúe con justicia,
que quiera ser sincero.
Si lo encuentran, perdonaré a Jerusalén".

—JEREMÍAS 5:1, DHH

Y aunque una y otra vez les he advertido acerca de su conducta, ustedes no han querido obedecerme, y ni siquiera me han respondido. Yo, el Señor, lo afirmo.

—JEREMÍAS 7:13, DHH

Cuando los hombres caen, ¿acaso no se levantan?
Cuando uno se desvía, ¿acaso no vuelve al camino?
¿Por qué entonces este pueblo se ha desviado?
¿Por qué persiste Jerusalén en su apostasía?
Se aferran al engaño,
 y no quieren volver a mí.

JEREMÍAS 8:4–5, NVI

Quizá te hagan caso y dejen su mala conducta, y yo decida no castigarlos por sus malas acciones, como había pensado.

—JEREMÍAS 26:3, DHH

¿No ves que desprecias las riquezas de la bondad de Dios, de su tolerancia y de su paciencia, al no reconocer que su bondad quiere llevarte al arrepentimiento?

Pero por tu obstinación y por tu corazón empedernido sigues acumulando castigo contra ti mismo para el día de la ira, cuando Dios revelará su justo juicio.

—ROMANOS 2:4–5, NVI

Usted puede apreciar que Dios es paciente y amable y se revela a las personas a todo lo largo de sus vidas. Ellas lo rechazan una y otra vez. Sin embargo, la gente acusa a Dios de enviarla al infierno. Pero Él es quien trata de que no vayamos allí. Él murió en nuestro lugar precisamente para eso. ¿Qué más quiere usted que haga?

3. Existe una ley de la siembra y la cosecha.

Un hombre recibirá lo que haya dado. La manera en que él trata a otro es la misma en que será tratado. Si un hombre siembra maldad, cosechará el mal. La mayoría conoce esto como la regla de oro. Pero muchos no la siguen o no se dan cuenta de su alcance.

A todos nos gusta que ocurran "cosas buenas" en nuestras vidas. Incluso muchos que viven una vida egoísta siguen esperando lo bueno. Pero no funciona de esa manera. Debemos mostrar bondad hacia otros (Proverbios 18:24). Si somos dadores, recibiremos. Si somos personas interesadas, nos quitarán. Si vendemos un automóvil y no revelamos sus defectos, obtendremos un automóvil con defectos. Es una ley, y opera, se dé usted cuenta o no.

> Las obras de las manos del hombre volverán a él.
> —PROVERBIOS 12:14, LBLA

> Perturba su casa el que tiene ganancias ilícitas.
> —PROVERBIOS 15:27, LBLA

> El que siembra maldad cosecha desgracias.
> —PROVERBIOS 22:8, NVI

> El que siembra escasamente, también segará escasamente; y el que siembra generosamente, generosamente también segará.
> —2 CORINTIOS 9:6

> Todo lo que el hombre sembrare, eso también segará.
> —GÁLATAS 6:7

En la Biblia hay muchas historias que exhiben claramente esta ley de siembra y cosecha. Muchas veces la gente no piensa en cómo ha tratado a otros o cómo mintió sobre alguien para obtener un puesto más alto. O quizás se desentendieron de otro, y ahora les toca a ellos ser pasados por alto. Todo vuelve, no importa quién usted sea y no importa cuántos años hayan pasado.

Sin embargo, si usted es cristiano, tiene a su disposición el poder del arrepentimiento. Si nos arrepentimos de nuestros pecados, Dios nos perdonará y no los recordará más (Salmos 79:8; 103:12; Isaías 43:25;

Jeremías 31:34; Hebreos 10:17). Aun la cosecha del pecado puede ser detenida en muchos casos.

Dependiendo de cuál sea el pecado, hay ciertas circunstancias que son consecuencia de nuestro pecar con las que tendremos que vivir por el resto de nuestros días. Por ejemplo, si alguien tiene un hijo fuera del matrimonio, esa persona será responsable de ese niño y vivirá con las consecuencias de ese pecado el resto de su vida. Si decimos algo malo o dañoso a un ser querido, puede suceder que la persona nos perdone, pero que la cicatriz nunca sane totalmente. Si somos infieles a nuestro cónyuge, esa cicatriz podría ser muy difícil de borrar. La violación de la confianza es el tipo de herida más profundo.

Sin embargo, con Dios todas las cosas son posibles para el que cree. Dios está más que deseoso de sanar incluso las situaciones más difíciles y sacar algo bueno de lo malo. El Salmo 86:5 dice: "Porque tú, Señor, eres bueno y perdonador, y grande en misericordia para con todos los que te invocan". Jesús dijo en Lucas 4:18: "Me ha enviado a sanar a los quebrantados de corazón..." (Vea también Salmos 145:7-8; 146:7-9.) Servimos a un Dios bueno y amante.

4. Existe una ley del pecado y de la muerte.

¿Qué ley es ésta? Es una ley tan real y que funciona tan eficazmente como la ley de gravedad.

> Pero veo otra ley en mis miembros, que se rebela contra la ley de mi mente, y que me lleva cautivo a la ley del pecado que está en mis miembros. ... Así que, yo mismo con la mente sirvo a la ley de Dios, mas con la carne a la ley del pecado.
> —ROMANOS 7:23-25

> Porque la ley del Espíritu de vida en Cristo Jesús me ha librado de la ley del pecado y de la muerte.
> —ROMANOS 8:2

Vivir en pecado trae muerte a nuestras vidas, lo sepamos o no. Es una ley espiritual y es tan eficaz como las leyes físicas. El mal vendrá tras usted y lo cazará. El mal es atraído hacia el pecado como un imán es atraído hacia el metal. Si continuamos en pecado, nos destruirá. Hasta un cristiano puede ser destruido por falta de conocimiento (Oseas 4:6).

> El mal cazará al hombre injusto para derribarlo.
>
> —SALMOS 140:11

> Fortaleza para el íntegro es el camino del Señor, pero ruina para los que obran iniquidad.
>
> —PROVERBIOS 10:29

> El que menosprecia el precepto perecerá por ello.
>
> —PROVERBIOS 13:13

> El mal perseguirá a los pecadores.
>
> —PROVERBIOS 13:21

> ... y el pecado, siendo consumado, da a luz la muerte.
>
> —SANTIAGO 1:15

Cuando nacemos de nuevo, recibimos el espíritu de vida (Juan 3:3-16). Se nos da un nuevo corazón y un nuevo espíritu, que viven para Dios (Ezequiel 18:31; 36:26; Romanos 2:29; 6:6-8; 1 Juan 4:13). Se nos ha hecho libres de esta ley del pecado y de la muerte (Romanos 6:18-22; 8:2; Gálatas 5:1).

> Así también vosotros consideraos muertos al pecado, pero vivos para Dios en Cristo Jesús, Señor nuestro.
>
> —ROMANOS 6:11

> Así también vosotros, hermanos míos, habéis muerto a la ley mediante el cuerpo de Cristo... de modo que sirvamos bajo el régimen nuevo del Espíritu.
>
> —ROMANOS 7:4–6

Porque así como en Adán todos mueren, también en Cristo todos serán vivificados.

—1 Corintios 15:22

De modo que si alguno está en Cristo, nueva criatura es; las cosas viejas pasaron; he aquí todas son hechas nuevas.

—2 Corintios 5:17

Con este nuevo espíritu, no seguimos teniendo el deseo de pecar (Salmos 119:10-11; 1 Juan 3:9). Nuestros cuerpos todavía podrían tenerlo, pero renovamos nuestras mentes con la Palabra de Dios (Salmos 119:33), y ahora controlamos nuestros cuerpos en lugar de que ellos nos dominen.

Realmente podemos y debemos llegar a un lugar en que odiemos el pecado (Salmos 119:11, 104, 113, 128; Proverbios 8:13). Llegará a resultarnos repugnante. Sin embargo, el grado en que odiemos el pecado depende del grado en que nuestra mente sea renovada (Romanos 12:2; 2 Corintios 4:16; Efesios 4:23; Colosenses 3:10). Algunos cristianos se quedan como bebés y nunca llegan a comprometerse más profundamente con el Señor.

5. La propia tierra se rebela contra el pecado.

La propia tierra se rebela contra el pecado. La tierra fue hecha para escuchar alabanzas a Dios, no blasfemias, maldiciones y odio hacia Él. Las naciones que no tienen al Dios de la Biblia como su Dios continuarán viviendo en un suelo maldito y acarrearán destrucción para sí mismas. Terminarán en el infierno si no se arrepienten y reconocen a Jesús como Señor (Salmos 9:17; 67:5-6; 68:6). Mire estos versículos:

Aun la tierra misma se contaminó. Por eso la castigué por su perversidad, y ella vomitó a sus habitantes.

—Levítico 18:25

¡Que tiemble ante él toda la tierra! Él afirmó el mundo, y éste no se moverá.

[La falta de temor de Dios trae terremotos.]
—1 Crónicas 16:30,
comentario entre corchetes añadido

Te alaben los pueblos, oh Dios;
Todos los pueblos te alaben.
La tierra dará su fruto;
Nos bendecirá Dios, el Dios nuestro.
[Las naciones que no alaben al Señor tendrán hambre.]
—Salmos 67:5–6, comentario entre corchetes añadido

Los rebeldes vivirán en tierra estéril.
—Salmos 68:6, dhh

La tierra yace profanada,
pisoteada por sus habitantes,
porque han desobedecido las leyes,
han violado los estatutos,
han quebrantado el pacto eterno.
Por eso una maldición consume a la tierra,
y los culpables son sus habitantes.
Por eso el fuego los consume,
y sólo quedan unos cuantos.
—Isaías 24:5-6, nvi

El país está lleno de adúlteros,
de gente que corre a hacer el mal,
que usa su poder para cometer injusticias.
Por eso el Señor maldijo la tierra,
y la tierra se secó,
y los pastos del desierto se quemaron.
—Jeremías 23:10, dhh

Porque sabemos que toda la creación gime a una, y a una está con dolores de parto hasta ahora.

—ROMANOS 8:22

He aquí algunos versículos que nos muestran que la tierra fue hecha para oír las alabanzas a Dios.

¡Alégrense los cielos, y regocíjese la tierra!
Digan las naciones: ¡El Señor reina!
"¡Que resuene el mar y todo cuanto contiene!
¡Que salte de alegría el campo y lo que hay en él!
¡Que los árboles del campo canten de gozo ante el Señor,
porque él ha venido a juzgar a la tierra!"

—1 CRÓNICAS 16:31-33, NVI

¡El Señor es rey!
¡Regocíjese la tierra!
¡Alégrense las costas más remotas!

—SALMOS 97:1, NVI

A su paso, las montañas y las colinas
prorrumpirán en gritos de júbilo
y aplaudirán todos los árboles del bosque.

—ISAÍAS 55:12, NVI

Cuando la tierra oiga que la gente maldice o se burla de Dios, temblará, será estéril y seca, y vomitará a sus habitantes (Isaías 24:5-6; 33:9). Éstas son solamente cinco razones, y hay muchas más. La conclusión es que, si obedecemos su voz, Él nos protegerá y nos proveerá, incluso en tiempos de hambruna (Salmos 33:18-19; 37:19; Ezequiel 36:29).

Hay solamente un Dios, el Dios de la Biblia. Jesús es el único camino de salvación. Créalo usted o no, de todos modos cosechará las consecuencias. (Vea también Salmos 9:17; Isaías 43:11; 44:8; 45:6, 22; 47:4 Oseas 13:4; Marcos 14:62; Lucas 22:69-70; Juan 3:16, 36; 8:24, 58;

9:35-37; 10:30, 36; 11:25-27; 12:47; 14:6, 9; Hechos 4:12; Gálatas 3:20; Efesios 1:7; 1 Timoteo 2:5; 1 Juan 4:3; 5:11-12.)

> Y andad en amor, como también Cristo nos amó, y se entregó a sí mismo por nosotros, ofrenda y sacrificio a Dios en olor fragante.
>
> —EFESIOS 5:2

23 *preguntas*

Pregunta 8 *¿Setenta años de pecado merecen un castigo eterno?*

*Todos nosotros somos como el inmundo, y como trapo de
inmundicia todas nuestras obras justas; todos nos marchitamos
como una hoja, y nuestras iniquidades, como el viento, nos
arrastran.*

—ISAÍAS 64:6, LBLA

USTED PARTE DE UNA premisa equivocada. Cómo se pasará la eternidad no depende del tiempo, sino de una relación.

Digamos que purgamos cien años o más de castigo. Al fin de esos cien años, seguiríamos siendo pecadores. No es posible pagar nuestros pecados con tiempo. Pagarlos totalmente, por así decirlo, sería como decir: "Dios, pagué el precio. Cumplí mi tiempo, y ahora estoy justificado para estar de pie ante tu presencia". El hombre por sí mismo siempre será pecador y nunca podrá justificarse por su propia cuenta (Job 15:16; Salmos 143:2; Isaías 64:6; Romanos 3:10, 12, 20, 23). El hombre no puede ser admitido en el cielo sobre la base del tiempo. Debe tener un espíritu nuevo y un corazón nuevo. Dios es el único que puede darnos este nuevo corazón.

Hay cinco razones por las cuales Dios no puede liberar a alguien del infierno después de un periodo específico de tiempo, y las cinco razones se deben a que Él no puede violar su Palabra.

1. Somos salvos por gracia por medio de la fe y no por tiempo (Efesios 2:8-9).

2. Somos salvos por fe y no por vista. Una vez que usted está en el infierno, no se le requiere fe para saber que Dios y el infierno existen, porque lo está viendo. Sin fe

es imposible agradar a Dios (Hebreos 11:6), y la fe no es necesaria una vez que usted vio.

3. "Sin derramamiento de sangre no se hace remisión" (Hebreos 9:22). El tiempo pasado en el infierno no puede pagar el precio de nuestros pecados, sólo la sangre de Jesús puede hacerlo.

4. "Está establecido para los hombres que mueran una sola vez, y después de esto, el juicio" (Hebreos 9:27). Si Dios sacara a alguien del infierno, eso constituiría dos juicios. La Escritura dice "el juicio": un solo juicio.

5. El alma del hombre es eterna (Génesis 1:26), y si él rechaza a Jesús como su Señor y Salvador, no hay otro lugar al cual el alma pueda ir. Jesús es el único camino al cielo.

Dios no puede salvar a nadie de otra manera que la que ya ha escrito. Él no alterará, ni comprometerá, ni cambiará su Palabra, porque su misma Palabra declara que no puede hacerlo. Una vez que fue dicha, permanece para siempre (Salmos 89:34; 119:89). Ni siquiera una letra será cambiada jamás (Mateo 5:18).

¿Puede imaginar gente que mantenga su palabra de esa manera? Todos los días cambiamos lo que decimos. Le decimos a alguien que lo veremos mañana, luego surge algo más importante, y le cancelamos. Muchos de nosotros hemos hecho eso y más. Pero Dios nunca puede cambiar o volverse atrás de ninguna palabra que haya dicho, por toda la eternidad. Esa es una razón por la cual no puede sacar a nadie del infierno. No puede alterar su Palabra. El camino de salvación ya está escrito (Lucas 13:3; Juan 14:6; Romanos 10:9-10; Efesios 2:8-9; Tito 3:5).

Otra razón por la que Dios no puede permitir que alguien salga del infierno y vaya al cielo es porque esa persona profanaría el cielo. Dios no permitirá en el cielo nada profano, y ése sería el caso de la naturaleza pecaminosa del hombre (Salmos 51:1-5; Romanos 3:23; Apocalipsis 21:27). El alma del hombre es eterna (Génesis 1:26; 35:18; Job 33:28; Salmos 26:9; Proverbios 23:14; Eclesiastés 12:7; Isaías 38:17), y no existe otro lugar a donde el alma pueda ir sino al infierno. Sólo existen el cielo y el infierno.

El pecado debe ser pagado, y la humanidad pecadora eligió depender de sus propias "buenas obras". Dios los juzgará en cuanto a eso, y serán hallados culpables como pecadores. Sus pecados existen y no son tratados.

En el libro *Tu primer minuto después de morir*, el Dr. Erwin W. Lutzer dijo: "La importantísima lección a aprender es que ningún sufrimiento humano puede jamás ser un pago por el pecado".[1]

El pecado es extremadamente ofensivo para Dios (Romanos 7:13). Esto es así porque Él es santo (Habacuc 1:13). En el libro *Hell Under Fire* (El infierno bajo ataque), Christopher W. Morgan afirma: "El pecado es intrínsecamente contrario a Dios, quien es infinito en toda su perfección. Así, el pecado es un mal infinito y merece un castigo eterno".[2] Prosigue dando una analogía que nos muestra que la relación con la parte ofendida es lo que hace la diferencia. "Si un adolescente enojado golpea a su madre, merecería mayor castigo que si golpeara a su hermano mayor".[3] Si mentimos al vecino acerca de nuestra edad, no sería tan grave como si le mintiéramos al juez en una corte. Dios es infinitamente mayor que cualquier persona, y por lo tanto pecar contra Él es extremadamente ofensivo, y merece un castigo eterno.

La Palabra de Dios afirma aquí que hombres y mujeres no pensarán que son condenados injustamente por el justo estándar de Dios, porque habrán fracasado en vivir según su propia moralidad inferior. Ninguno podrá decir en verdad que son justificados por sus propios sistemas éticos, pues reconocerán que han violado hasta sus propios estándares. Mínimos. Todas las personas estarán de acuerdo con la sentencia de Dios acerca de su culpabilidad. [4]

—HENRY M. MORRIS Y MARTIN E. CLARK

¿Qué es lo más atroz que una persona puede hacer en esta vida?... [J. P. Moreland responde] "Lo peor que una persona puede hacer...es burlarse y deshonrar y rehusarse a amar a la persona a quien debemos absolutamente todo, que es nuestro Creador, Dios mismo. Usted debe entender que Dios es infinitamente mayor que cualquiera en bondad, santidad, benignidad y justicia. Pensar que una persona puede ir a través de toda su vida ignorándolo continuamente, burlándose continuamente de Él con la forma que elige para vivir sin Él, diciendo: 'No podría importarme menos para qué me pusiste aquí. No podrían importarme menos tus valores o la muerte de tu Hijo por mí. Voy a ignorar todo eso', eso es el colmo del pecado. Y el único castigo que merece por ello es el castigo máximo, que es la separación eterna de Dios."[5]

—LEE STROBEL

Sólo un Dios eterno, sin pecado, puede pagar por nuestro pecado eterno. Jesús lo hizo, y nosotros no podemos hacerlo. El tiempo nunca alcanzaría, como tampoco las obras. (Vea Job 33:16; Proverbios 20:9; Eclesiastés 11:9; Jeremías 24:7; Ezequiel 11:19; 18:31; 36:26; Romanos 3:24-25; 5:9; 1 Juan 1:7).

...y de conocer el amor de Cristo, que excede a todo conocimiento.

—EFESIOS 3:19

23 *preguntas*

Pregunta 9 *¿No predicó Jesús el amor y la aceptación?*

...si no os arrepentís, todos pereceréis igualmente.

—Lucas 13:3

No, ÉL PREDICÓ EL arrepentimiento y la obediencia (Mateo 12:50; Lucas 8:21; 13:3).

La primera palabra que salió de la boca de Jesús es "Arrepentíos", en Mateo 4:17. El arrepentimiento es predicado a lo largo de toda la Biblia, especialmente en el Nuevo Testamento (Mateo 3:2, 8; 9:13; Marcos 1:4,14-15: 2:17; 6:12; Lucas 13:3; 16:30; 17:3-4; Hechos 3:19; 8:22; 13:24; 17:30; 20:21; 26:20; Apocalipsis 2:5, 16).

Jesús no predicó la aceptación de todas las creencias; dijo que Él era *el único* camino de salvación (Juan 8:24; 12:47; 14:6). Dijo que tomáramos nuestra cruz y lo siguiéramos, y que si no lo hacíamos, no éramos dignos de Él (Mateo 10:38; 16:24). En el capítulo 23 de Mateo, Él llamó a los fariseos "guías ciegos", "sepulcros blanqueados", "hipócritas", "serpientes", "generación de víboras", y "llenos de huesos de muertos y toda inmundicia". Les preguntó: "¿Cómo escaparéis de la condenación del infierno?" (Mateo 23:33). Además, Jesús dijo en Lucas 19:27: "Y también a aquellos mis enemigos que no querían que yo reinase sobre ellos, traedlos acá, y decapitadlos delante de mí".

¿Cómo es eso de "amor y aceptación"? No me malinterprete. Él sí predicó amor y perdón. Pero hay una diferencia. El perdón requiere humildad. Esos hipócritas no la mostraban para nada. Jesús no trató de ser políticamente correcto para agradar a sus enemigos.

La aceptación de las creencias de otros no es una demostración de amor, sino en realidad una demostración de *tolerancia*. La tolerancia ha llegado a convertirse en el más alto nivel moral, en lugar de la verdad.

Es interesante que la sociedad actual predique la aceptación de todo, excepto el cristianismo. Mucha gente no quiere oír el evangelio porque no desean oír que lo que están haciendo es pecado. Hoy, casi nada se considera pecado. A la palabra "pecado" se la trata como *arcaica* y *políticamente incorrecta*.

Cuando Jesús le habló a María Magdalena, quien había sido liberada de siete demonios, le dijo: "Vete y no peques más" (Juan 8:11). Jesús no le dijo: "Está bien, sólo sé tú misma".

Cuando sanó al hombre que yacía junto al estanque de Betesda que había estado enfermo durante treinta y ocho años, Jesús le dijo: "Mira, has sido sanado; no peques más, para que no te venga alguna cosa peor" (Juan 5:14). Una y otra vez Jesús decía a quienes venían a Él: "Tus pecados te son perdonados" (Mateo 9:2,5-6, Marcos 2:5, 9-10; Lucas 5:20, 23-24; 7:48).

Les decía que no pecaran. Hoy en día, mucha gente lo acusaría de prejuicio, intolerancia, o hasta diría que es culpable del delito de odio racial. Pero Jesús decía las cosas como son.

Jesús también dijo que esté alerta cuando los hombres hablen bien de usted (Lucas 6:26). Pero esto es lo que prevalece en la actual situación de *tolerancia* y *aceptación*. Los hombres buscan la aprobación de casi cualquier grupo de gente, a fin de ganar votos o ser considerados *humanitarios*. En realidad eso es *transigencia*, no *consideración*.

Jesús era firme y directo en su enseñanza, pero siempre enseñó y manifestó amor. La Biblia afirma que Dios es amor (Juan 3:16; Romanos 5:8; Efesios 3:19; 1 Juan 4:16). Dios es mucho más bondadoso que lo que cualquiera de nosotros podría imaginar. Un mensaje de amor no siempre es dulce y agradable; a veces puede ser de reprensión o de naturaleza correctiva. Un mensaje acerca del infierno es un mensaje de amor porque es una advertencia.

Jesús predicó el arrepentimiento. Para arrepentirse se requiere que alguien sea lo suficientemente humilde para admitir que es un pecador. Arrepentirse significa *volverse del pecado* y cambiar nuestros caminos. Debemos venir a Dios con piadoso dolor y pedirle perdón humildemente (2 Corintios 7:9). Dios nos perdonará cualquier cosa que hayamos hecho si nos arrepentimos verdaderamente (Salmos 86:5).

> Pero Dios, que es rico en misericordia, por su gran amor con que nos amó...
>
> —Efesios 2:4

23 *preguntas*

Pregunta 10 *Predicar "el infierno" ¿no es usar tácticas de intimidación?*

...a quien anunciamos, amonestando a todo hombre, y enseñando
a todo hombre en toda sabiduría, a fin de presentar perfecto en
Cristo Jesús a todo hombre.

—COLOSENSES 1:28

SI PREDICAR EL INFIERNO es usar tácticas de intimidación, entonces Jesús es culpable, porque Él predicó sobre el infierno más que nadie en la Biblia. Advertir a alguien de un peligro inminente es un mensaje de amor (Colosenses 1.28). Lo que les espera a quienes no se han arrepentido (Lucas 13:3) debería atemorizar a cualquier persona razonable (Judas 23). El hombre más sabio que vivió jamás, aparte de Jesús, fue el rey Salomón. Él dijo en Proverbios 27:12: "El prudente ve el peligro y lo evita; el inexperto sigue adelante y sufre las consecuencias", NVI. En Mateo 10:28 Jesús dijo: "...temed más bien a aquel que puede destruir el alma y el cuerpo en el infierno".

Cuando el huracán Ike golpeó a Texas, el titular de un periódico local decía: "Muerte segura para los que no desalojen". ¿Usted diría que los escritores de ese artículo eran "malos" o usaban "tácticas de intimidación" por publicar esa advertencia? No, usted les estaría agradecido. De la misma manera, Dios nos está haciendo una justa advertencia. Usted puede hacer caso de esa advertencia y vivir, o ignorarla y morir (Deuteronomio 30:19; Mateo 23:33, 37-38; Juan 15:6, Colosenses 1:28).

En 2 Corintios 5:11 Pablo dijo: "Conociendo, pues, el temor del Señor, persuadimos a los hombres". Muchos comentarios concuerdan en que, aunque este versículo se refería al juicio del tribunal de Cristo (el tribunal de recompensa para los cristianos), Pablo también se refiere a la severidad del juicio y al infierno en general. En otras palabras, cuando usted comprende cuán grave es realmente el infierno, más persuasivo será con los hombres. Querrá advertirles. Una vez más, eso se debe a que usted se preocupa por el individuo, no a que quiera asustarlo.

Aquí tenemos lo que los comentarios dicen con referencia a 2 Corintios 5:11.

> Generalmente se acepta que este versículo significa que Pablo era tan consciente del terrible juicio de Dios sobre el pecado, y los horrores del infierno, que iba por todas partes buscando persuadir a los hombres para que acepten el evangelio.[1]
>
> —*BELIEVER'S BIBLE COMMENTARY*
> (*COMENTARIO BÍBLICO DEL CREYENTE*)

> Se necesita conocer la gravedad del infierno para predicar con un sentido de urgencia.[2]
>
> —*NEW TESTAMENT SURVEY*
> (*ESTUDIO DEL NUEVO TESTAMENTO*)

> El terror del Señor, no de los hombres, motivó a Pablo a predicar de corazón, no meramente con una apariencia externa.[3]
>
> —*NEW TESTAMENT SURVEY*
> (*ESTUDIO DEL NUEVO TESTAMENTO*)

> El juicio venidero tan lleno de terror para los incrédulos...Los ministros deberían usar más el terror del Señor para persuadir a los hombres.[4]
>
> —*JAMIESON, FAUSSET, AND BROWN COMMENTARY ON THE WHOLE BIBLE* (*COMENTARIO DE TODA LA BIBLIA, DE JAMIESON, FAUSSET, Y BROWN*)

Consideremos todo el Juicio que vendrá, al cual se lo llama El Terror del Señor. Sabiendo qué terrible venganza va a ejecutar el Señor sobre los hacedores de iniquidad, el apóstol y sus hermanos

usaron todo argumento y persuasión para guiar a los hombres a creer en el Señor Jesús, y actuar como sus discípulos.[5]
—*Parallel Commentary On The New Testament*
(*Comentario paralelo del Nuevo Testamento*)

Éste no es un mensaje de condenación sino de advertencia.

Los versículos siguientes nos muestran el corazón de Dios hacia su pueblo. Él es paciente y amante, más allá de lo que cualquier persona podría serlo.

> Vuelve... *porque soy misericordioso...* Tan sólo reconoce tu culpa, y que te rebelaste contra el Señor tu Dios.
> —Jeremías 3:12-13, nvi (énfasis añadido)

> El Señor dice: "Recorran las calles de Jerusalén, miren bien, busquen por las plazas, a ver si encuentran a *alguien que actúe con justicia, que quiera ser sincero. Si lo encuentran, perdonaré a Jerusalén.*"
> —Jeremías 5:1, dhh (énfasis añadido)

¿Puede ver el corazón de Dios en el versículo anterior? ¡Dios desea desesperadamente no tener que administrar el castigo, lo que quiere es mostrarnos misericordia!

> "El que cae, ¿no se levanta? El que se desvía, ¿no vuelve al camino? ¿Por qué es este *pueblo de Jerusalén rebelde con rebeldía perpetua? Abrazaron el engaño, y no han querido volverse.*'"
> —Jeremías 8:4-5 (énfasis añadido)

> Quizá *te hagan caso y dejen su mala conducta*, y yo decida no castigarlos *por sus malas acciones*, como había pensado.
> —Jeremías 26:3, dhh (énfasis añadido)

> Una y otra vez les envié a mis siervos los profetas, *para que les advirtieran* que no incurrieran en estas cosas tan abominables

que yo detesto. Pero ellos *no escucharon* ni prestaron atención; no se arrepintieron de sus maldades.

—JEREMÍAS 44: 4-5, NVI (ÉNFASIS AÑADIDO)

Tú desprecias la inagotable *bondad*, *tolerancia* y *paciencia* de Dios, sin darte cuenta de que es precisamente su bondad la que te está llevando a convertirte a él. Pero tú, como eres terco y no has querido volverte a Dios, *estás* amontonando castigo *sobre ti mismo* para el día del castigo, cuando Dios se manifestará para dictar su justa sentencia.

—ROMANOS 2:4-5, DHH (ÉNFASIS AÑADIDO)

Dios es un Dios amante, pero sepa esto: su amor no anula su justicia.

El amor de Dios no quita su justicia. La implementación de la justicia de Dios no quita su amor. El amor y la justicia de Dios forman una unidad.[6]

—CRISTOPHER W. MORGAN

Es un concepto irracional y antiescritural de la misericordia de Dios el de que Él es misericordioso a tal grado que no puede soportar que sea ejecutada la justicia penal.[7]

—JONATHAN EDWARDS

Dios no debe ser tomado solamente como ese dulce y manso cordero, como muchos piensan. Él es todo eso, pero además es un Dios que derramará su ira en el Día del Juicio por causa del pecado (Nahum 1:2, 6; Romanos 1:18; 2:5; 13:4; Efesios 5:6; Colosenses 3:6; 1 Tesalonicenses 2:16; 2 Pedro 2:9; Apocalipsis.6:17; 14:10).

Tome nota de los siguientes versículos, porque ellos revelan el otro aspecto de Dios.

¿Quién conoce el poder de tu ira...?

—SALMOS 90:11

Por cuanto llamé, y no quisisteis oír, extendí mi mano, y no hubo quien atendiese, sino que desechasteis todo consejo mío y mi reprensión no quisisteis, también yo me reiré en vuestra calamidad, y me burlaré cuando os viniere lo que teméis; cuando viniere como una destrucción lo que teméis, y vuestra calamidad llegare como un torbellino; cuando sobre vosotros viniere tribulación y angustia. Entonces me llamarán, y no responderé.

—PROVERBIOS 1:24-28

Y los pueblos serán como cal quemada; como espinos cortados serán quemados con fuego. Oíd, los que estáis lejos, lo que he hecho; y vosotros los que estáis cerca, conoced mi poder. Los pecadores se asombraron en Sion, espanto sobrecogió a los hipócritas. ¿Quién de nosotros morará con el fuego consumidor? ¿Quién de nosotros habitará con las llamas eternas?

—ISAÍAS 33:12-14

Los pisé con mi ira, y los hollé con mi furor; y su sangre salpicó mis vestidos, y manché todas mis ropas.

—ISAÍAS 63:3

Porque he aquí que Jehová vendrá con fuego, y sus carros como torbellino, para descargar su ira con furor, y su reprensión con llama de fuego.

—ISAÍAS 66:15

Y saldrán, y verán los cadáveres de los hombres que se rebelaron contra mí; porque su gusano nunca morirá, ni su fuego se apagará, y serán abominables a todo hombre.

—ISAÍAS 66:24

Pues también yo procederé con furor; no perdonará mi ojo, ni tendré misericordia; y gritarán a mis oídos con gran voz, y no los oiré.

—EZEQUIEL 8:18

Porque la ira de Dios se revela desde el cielo contra toda impiedad e injusticia de los hombres...

—Romanos 1:18

...en llama de fuego, para dar retribución a los que no conocieron a Dios, ni obedecen al evangelio de nuestro Señor Jesucristo; los cuales sufrirán pena de eterna perdición, excluidos de la presencia del Señor y de la gloria de su poder...

—2 Tesalonicenses 1:8-9

... y reservar a los injustos para ser castigados en el día del juicio.

—2 Pedro 2: 9

Y el que no se halló inscrito en el libro de la vida fue lanzado al lago de fuego.

—Apocalipsis 20:15

¿Entendió el último versículo? ¿Sabe usted si su nombre está escrito en su Libro? Usted podría querer saber eso ahora en vez de averiguarlo después, cuando sea demasiado tarde. Es mejor si lo encontramos ahora como el Cordero de Dios que quita los pecados del mundo (Juan 1:29) en vez de como el León de la tribu de Judá en el Día del Juicio (Apocalipsis 5:5).

Algunos no responderán al oír cuánto los ama Dios; sólo oirán acerca de la ira que vendrá si rehúsan arrepentirse. Jesús mostró la gracia al humilde y la ley al orgulloso para acallar sus bocas (Romanos 3:19; Santiago 4:6). Judas 23 afirma: "A otros salvad, arrebatándolos del fuego". Si a usted el miedo lo lleva a creer, entonces estupendo: sálvese de la manera que pueda.

Si confesamos nuestros pecados, él es fiel y justo para perdonar nuestros pecados, y limpiarnos de toda maldad.

—1 Juan 1:9

23 *preguntas*

Pregunta 11 *¿Dios no tiene en cuenta mi corazón? ¡Mi intención es buena!*

Engañoso es el corazón más que todas las cosas, y perverso;
¿quién lo conocerá?

—JEREMÍAS 17:9

Í, DIOS TIENE EN cuenta su corazón, y ése es el problema. La Biblia dice que el corazón es engañoso y perverso (Jeremías 17:9). En realidad, dice: "El corazón de los hijos de los hombres está lleno de mal y de insensatez en su corazón durante su vida..." (Eclesiastés 9:3). Así que, si va a usar ese enfoque, no llegará a ninguna parte.

El que confía en su propio corazón es necio...

—PROVERBIOS 28:26

La opinión que Dios tiene de nuestro corazón es bastante diferente de la nuestra. Pensamos que somos bastante buenos; sin embargo, el hombre natural sin Dios se opone en su corazón a los caminos de Dios.

...no se justificará delante de ti ningún ser humano...

—SALMO 143:2

¿Quién podrá decir: Yo he limpiado mi corazón, limpio estoy de mi pecado?

—PROVERBIOS 20:9

No hay quien haga lo bueno, no hay ni siquiera uno.

—ROMANOS 3:12

La Biblia también menciona que nuestro corazón puede:

▸   Ser perverso (Salmos 101:4)

▶ Errar (Salmos 95:10)

▶ Maquinar maldad (Salmos 28:3)

▶ Ser vanidoso (Salmos 101:5)

▶ Hacer perversidades (Proverbios 23:33)

▶ Estar desolado (Salmos 143:4)

▶ Contener siete abominaciones (Proverbios 26:25)

▶ Maquinar pensamientos inicuos (Proverbios 6:18)

▶ Estar lleno de reproche (Job 27:6)

▶ Ser malvado (Jeremías 3:17)

▶ Ser llenado por Satanás (Hechos.5:3)

▶ Engañarse en secreto (Job 31:27)

▶ Irse tras los ojos (Job 31:7)

El problema está en nosotros. En Mateo 13:15 Jesús dijo: "Porque el corazón de este pueblo se ha engrosado, y con los oídos oyen pesadamente, y han cerrado sus ojos...". La realidad es que muchos no quieren ver ni comprender. Han cerrado sus ojos a la verdad y Dios no anulará nuestro libre albedrío. Debemos estar dispuestos a buscarlo mientras puede ser hallado (Hechos 17:27). Él nos dará ese nuevo corazón. Ezequiel 18:31 dice: "Echad de vosotros todas vuestras transgresiones con que habéis pecado, y haceos un corazón nuevo y un espíritu nuevo. ¿Por qué moriréis?".

Cuando afirmamos: "Dios conoce mi corazón", suponemos que el hecho de que Él lo conozca debería resultarnos favorable. Pero si Dios tuviera que actuar según nuestro corazón, usted se da cuenta de que todos estaríamos en graves problemas. Más bien, a pesar de conocer nuestro corazón, Él nos sigue amando y siempre busca revelarse a nosotros (Salmos 86:5; 145:8-9).

El Dr. Edwin Lutzer dijo:

Librados a nosotros mismos, estamos llenos de sospecha, avaricia y temor. Sacamos ventaja de los demás para enriquecernos, nos volvemos obsesivos con nuestros intereses personales, cuidando apenas del bienestar de nuestro prójimo...Pascal tenía razón al decir: No hay nada que podamos ver en la tierra que no manifieste la desdicha humana o la misericordia de Dios."[1]

Solamente Dios puede darnos ese corazón que lo anhela a Él.

Crea en mí, oh Dios, un corazón limpio.

—SALMOS 51:10

Les daré un corazón que me conozca, porque yo soy el Señor.

—JEREMÍAS 24:7, NVI

...quitaré el corazón de piedra de en medio de su carne.

—EZEQUIEL 11:19

Os daré corazón nuevo.

—EZEQUIEL 36:26

Por medio de la lectura de su Palabra, nuestras mentes son renovadas y nos vamos haciendo más parecidos a Jesús. Nuestros necios conceptos comienzan a derrumbarse. Muchos cristianos no leen la Biblia y sus pensamientos y corazones pueden ser engañados. Aprender su Palabra a fin de ser más semejantes a Él es un proceso que dura toda la vida. Cuanto más ponemos de su Palabra en nuestro corazón, más amorosos, compasivos y perdonadores nos volvemos.

Con todo mi corazón te he buscado;
No me dejes desviarme de tus mandamientos.
En mi corazón he guardado tus dichos,
Para no pecar contra ti.

—SALMOS 119:10-11

Un corazón piadoso es uno que desea servir a Dios y que lo ama (Salmos 119:67; Proverbios 3:1-5; 6:21).

Si confesamos nuestros pecados, él es fiel y justo para perdonar nuestros pecados, y limpiarnos de toda maldad.

—1 Juan 1:9

23 *preguntas*

Pregunta 12 *¿Y qué pasa con la persona de un sitio remoto de la jungla que nunca oyó hablar de Jesús?*

*Ciertamente Dios habla una vez, y otra vez, pero nadie se da
cuenta de ello.*
*En un sueño, en una visión nocturna, cuando un sueño profundo
cae sobre los hombres, mientras dormitan en sus lechos,*
entonces Él abre el oído de los hombres, y sella su instrucción...
...libra su alma de la fosa y su vida de pasar al Seol.

—JOB 33:14-15, 18, NVI

USTED NO DEBE PREOCUPARSE por él; la Biblia dice que Dios es recto y justo (Deuteronomio 32:4; Salmos 96:10, 13; Isaías 45:21; Hechos 17:31). Dios puede dar a los hombres sueños y visiones para librar sus almas del sepulcro (Job 33:18). Si esa persona levanta sus ojos al cielo y clama: "Dios, quiero conocerte. Por favor revélate de alguna manera a mí", Dios le dará un sueño, enviará a alguien hacia él, o de alguna manera se dará a conocer a ese individuo.

Dios nos advierte de muchas maneras a lo largo de nuestras vidas, a fin de librarnos del infierno. Aquí tenemos sólo cinco de esas maneras.

1. Nos da la creación.

Existe evidencia de diseño a todo nuestro derredor, en cada forma de vida. Puesto que el diseño está tan extendido, debe de haber un diseñador. La creación apunta a un diseñador y el diseñador es el Dios de la Biblia. Decir que Dios no existe y que este mundo resultó de una serie de coincidencias es negar el razonamiento sensato. Dios nos hace responsables de buscarlo (1 Crónicas 28:9; Hechos 17:27).

Y como la creación hace obvio que Él realmente existe (Colosenses 1.16), no tenemos excusa (Romanos 1:20).

2. Él nos dio una conciencia.

Nuestra conciencia nos dice que hay un Dios y que existen lo bueno y lo malo (Romanos 2:15). Está puesta en nosotros para que sepamos que hay un Creador. Pero el hombre tiene la capacidad de suprimir su propia conciencia debido al endurecimiento que causa el pecado. La Biblia dice que la conciencia del hombre se llega a "cauterizar" (1 Timoteo 4:2). Rehúsa hacerse responsable ante Dios por su estilo de vida, y así cree cualquier cosa excepto la verdad, lo cual es un intento por aliviar su conciencia culpable.

3. Él nos da la Biblia, y en sus páginas están las claras indicaciones para ir al cielo.

En el negocio de los bienes raíces se nos enseña a tener las cosas por escrito. Bien, Dios lo puso por escrito. La Biblia —una colección de sesenta y seis libros, escritos por aproximadamente cuarenta autores a lo largo de un periodo de mil quinientos años— fue escrita respecto al Salvador. No tiene ni una discrepancia que no pueda ser aclarada con un buen estudio, según muchos expertos. La Biblia nos dice el futuro en muchas ocasiones y todo ha sucedido tal como fue dicho.

4. Nos proveyó herramientas para aprender acerca de Él.

Tiene iglesias en cada esquina, misioneros esparcidos por todo el mundo, estaciones de radio y televisión, DVDs y CDs de enseñanza y predicación, revistas, libros, y otros medios para que sepamos de su presencia y obra en la Tierra.

Piense cuántas veces un cristiano ha compartido del Señor con usted. Dios nos ha protegido en muchas ocasiones y nos ha mantenido con vida para darnos más tiempo para que lo busquemos. Considere

todas las buenas cosas que han obrado a nuestro favor: evidencias de
su bendición. Él intervino tantas veces para ayudarnos, pero ni aun
por eso lo reconocimos de alguna manera.

5. Dios encontrará una forma de revelarse a sí mismo.

De todos modos, la Biblia dice que si no creemos que Jesús es el Hijo
de Dios, que vino en carne a morir por nosotros, moriremos en nuestros pecados no importa quiénes seamos (Juan 8:24; 1 Juan 4:2-3).

> Por eso os dije que moriréis en vuestros pecados; porque si no
> creéis que yo soy, en vuestros pecados moriréis.
>
> —JUAN 8:24

> ... pero a los que son ambiciosos y no obedecen a la verdad, sino
> que obedecen a la injusticia: ira e indignación. Habrá tribulación
> y angustia para *toda alma* humana que hace lo malo, del judío
> primeramente y también del griego;
>
> —ROMANOS 2:8-9, LBLA (ÉNFASIS AÑADIDO)

> ...porque no hay acepción de personas para con Dios. Porque
> todos los que sin ley han pecado, sin ley también perecerán; y
> todos los que bajo la ley han pecado, por la ley serán juzgados;
> porque no son los oidores de la ley los justos ante Dios, sino los
> hacedores de la ley serán justificados. Porque cuando los gentiles
> que no tienen ley, hacen por naturaleza lo que es de la ley, éstos,
> aunque no tengan ley, son ley para sí mismos, mostrando la obra
> de la ley escrita en sus corazones, dando testimonio su conciencia,
> y acusándoles o defendiéndoles sus razonamientos,
>
> —ROMANOS 2:11-15

> ...reinó la muerte desde Adán hasta Moisés...
>
> —ROMANOS 5:14

> El que tiene al Hijo, tiene la vida; el que no tiene al Hijo de Dios
> no tiene la vida.
>
> —1 JUAN 5:12

Para un estudio más completo ver: Juan 3:36; Hechos 4:12; 2 Tesalonicenses 1:9; 1 Juan 2:3, 5, 17; 3:4, 10, 14-15; 4:3, 14-15.

Si ese hombre de la remota jungla no clama a Dios para que se le revele y no cree en el Hijo de Dios como el único Salvador, entonces morirá en sus pecados, como dijo Jesús.

> Los malos serán trasladados al Seol, todas las gentes que se olvidan de Dios.
>
> —SALMO 9:17

> Aunque lo cierto es que de una u otra manera habla Dios,
> pero el hombre no lo entiende.
> Por sueños, en visión nocturna,
> cuando el sueño cae sobre los hombres,
> cuando se duermen en el lecho,
> para librar su alma del sepulcro...
>
> —JOB 33:14-15, 18, RV95

Dios incluso da sueños y visiones a los hombres "para separar al hombre de su obra" (v.17, RV 95) y librarlo del infierno. Si en una remota parte del mundo, un hombre que nunca ha oído el evangelio, levantara sus ojos al cielo y clamara a Dios para conocerlo, Dios se le revelaría de alguna manera.

Hay señales de advertencia a lo largo de toda la ruta de nuestra vida. Muchos maestros y predicadores nos han dicho que hay una advertencia acerca del infierno en cada uno de los doscientos sesenta capítulos de los veintisiete libros del Nuevo Testamento. Si se equiparan esas advertencias a las señales reales de una autopista, y los veintisiete libros a veintisiete millas, habría una señal cada quinientos cuarenta pies, o cada seis segundos cuando se viaja a sesenta millas por hora. Ver tantas señales llamaría la atención de alguien. Si decidimos saltar del puente e ignorar todas esas señales, la culpa es nuestra, no de Dios.

Aun con todas esas advertencias, muchos "no quisieron reconocer a Dios" porque no quieren renunciar al pecado. Este es el caso de muchos que siguen creyendo que son "buenas personas". Su sistema de valores no puede medirse con los estándares justos de Dios. El hombre no puede vivir de acuerdo a su propio estándar, menos aún a los estándares de un Dios santo. Como Dios es amor, Él continuamente le extiende su mano al hombre.

Dios encontrará una manera de darse a conocer a toda la gente de nuestro mundo. La pregunta más importante es esta: Ahora que Él se le ha dado a conocer a usted, *¿quién dice usted que es Jesús?* (Vea también Marcos 14:62; Lucas 22:70; Juan 8:24, 58; 9:35-37: 10:30, 36; 11:25-27; 14:6, 9; Hechos 4:12).

> Esto lo hizo Dios para que todos lo busquen y, aunque sea a tientas, lo encuentren. En verdad, él no está lejos de ninguno de nosotros,
>
> —HECHOS 17:27, NVI

23 *preguntas*

Pregunta 13   *¿No son todos hijos de Dios?*

Mas a todos los que le recibieron, a los que creen en su nombre, les dio potestad de ser hechos hijos de Dios.

—JUAN 1:12

N O, NO TODA PERSONA es hija de Dios. Este es un error de concepto muy común. De hecho, si Jesús no es su Señor y Salvador, usted tiene un padre, pero no es Dios: es el diablo: "Vosotros sois de vuestro padre el diablo" (Juan 8:44). Jesús dijo que esto es verdad "porque mi palabra no halla cabida en vosotros" (v. 37).

En otras palabras, o Dios es su Padre, o lo es el diablo. Sé que es un lenguaje fuerte, pero la mayoría no se da cuenta de que todos tenemos un padre espiritual. Existen sólo dos opciones para esto: si no hemos hecho a Jesús nuestro Señor y Padre espiritual, entonces, lo sepamos o no, hemos permitido que el diablo sea nuestro padre espiritual. Si usted cree que esto es una tontería, tiene derecho a disentir con Jesús, pero eso no cambiará los hechos. Es inexacto afirmar que todos somos "hijos de Dios".

Además de Juan 8:44, citado arriba, Juan 1:12 dice: "Pero a todos los que le recibieron, les dio *el derecho de llegar a ser* hijos de Dios, es decir, a los que creen en su nombre" (LBLA énfasis añadido). Cuando Jesús hablaba con su Padre en Juan 17:9 dijo: "Yo ruego por ellos; no ruego por el mundo, sino por los que me diste; *porque tuyos son*" (énfasis añadido). Según Gálatas 3:26, es nuestra fe o creencia en *quién es Jesús* lo que nos hace hijos de Dios: "Pues todos sois hijos de Dios *por la fe en Cristo Jesús*" (énfasis añadido).

Efesios 1:5 afirma: "...nos había destinado *a ser adoptados como hijos suyos por medio de Jesucristo*" (DHH, énfasis añadido). (Vea también

Mateo 5:45; Lucas 6:35-36; Romanos 9:7-8; Gálatas 4:19; Efesios 5:1; 1 Tesalonicenses 5:5).

Usted dice: "Pero Él me conoce, ¡y se supone que es un Dios amante!". Él sabe que usted existe, pero no lo conoce personalmente. En Mateo 7:23, Jesús dijo: "Y entonces les declararé: Nunca os conocí; apartaos de mí, hacedores de maldad". ¡Qué terrible sería oír eso de sus labios! El hecho de que nos da a elegir entre tener una relación personal con Él o no, prueba que Él es un Dios amante. De nosotros depende qué elijamos.

Usted obedece al Padre celestial y mora en su casa, u obedece al padre de mentira y mora en la casa de él. *La elección es suya.* Si usted dice: "Bueno, yo no creo en la Biblia", sepa que Apocalipsis 21:8 dice que *todos los incrédulos* tendrán su parte en el lago de fuego. Apocalipsis 20:15 afirma: "Y el que no se halló inscrito en el libro de la vida fue lanzado al lago de fuego". Usted ya está advertido, así que en el Día del Juicio (Apocalipsis 20:13) no debería sorprenderse cuando Él diga: "Apartaos de mí, malditos, al fuego eterno..." (Mateo 25:41). No tendrá excusa, porque sus propias palabras lo condenan (Mateo 12:37). (Vea también Mateo 5:44-45; 7:13-14; 13:41, 49-50; Lucas 3:17; 6:35; Juan 1:12; 5:29; 8:44; 17:9; Romanos 9:8; Gálatas 3:26; 4:19; Efesios 1:5; 5:1; 2 Tesalonicenses 1:9-10).

> "Dejad a los niños venir a mí, y no se lo impidáis; porque de los tales es el reino de los cielos".
>
> —MATEO 19:14

23 *preguntas*

Pregunta 14 *¿Dios no puede pasar por alto mis pecados?*

*Porque la paga del pecado es muerte, mas la dádiva de Dios es
vida eterna en Cristo Jesús Señor nuestro.*

—ROMANOS 6:23

EXISTEN DOS MUY BUENAS razones por las que Dios no puede pasar
por alto nuestros pecados. Ante todo, la naturaleza de Dios es diferente de la nuestra. Su naturaleza es santa y no es compatible con la
del hombre (Levítico 19:2; 20:26; Salmos 18:30; 19:17; Mateo 5:48;
Apocalipsis 15:4). Seríamos consumidos en su presencia: "...nuestro
Dios es fuego consumidor" (Hebreos 12:29). ¿Qué significa eso? Creo
que puede explicarse mejor con una analogía.

En su libro *Charles Stanley's Handbook for Christian Living* (Manual
de Charles Stanley para la vida cristiana), este autor dijo:

> Considere el fuego, por ejemplo. El fuego es caliente por natura-
> leza. El fuego no se hace caliente, es caliente. Esa es la naturaleza
> del fuego. Si metiera su mano en una fogata para recuperar
> una salchicha que se cayó de la vara, usted se quemaría. No se
> enojaría con el fuego. No diría: "No puedo creer que el fuego
> me haya quemado. ¡Yo nunca le hice nada al fuego! ¿Por qué me
> habrá tratado así?" El fuego y su mano son incompatibles. No se
> llevan bien juntos.[1]

La naturaleza del fuego es quemar. De la misma manera, la naturaleza de Dios es consumir el pecado. Por tanto, como el hombre
es pecador, tiene un problema. No se trata de esperar que nuestros
pecados sean pequeños y los pase por alto. *Ningún pecado*, ni siquiera
los pequeños, puede existir en su presencia.

La segunda razón por la que los pecados del hombre no pueden ser pasados por alto es que Dios es un juez justo, y el pecado debe ser castigado. La Biblia dice que el castigo por el pecado es la muerte (Génesis 2:16-17; Romanos 6:23). Dios demanda la paga del pecado porque es un Dios justo. A un buen juez de nuestro país no se lo consideraría tal si dejara ir libres a todos los criminales, ¿verdad? Él debería ejercer justicia y administrarles el castigo apropiado.

De la misma manera, Dios no sería considerado justo si simplemente dejara salir libre a la gente. Tampoco puede mostrar parcialidad y decir: "Bueno, soy un buen tipo, así que tranquilamente voy a dejar libre a esta persona". Eso no sería justo y no resultaría correcto para la parte ofendida. Dios no es *en parte* justo y *en parte* amor: Él es cien por ciento justo y cien por ciento amor. Siendo ese el caso, el pecado del hombre no puede ser excusado. Sin embargo, como es amor (1 Juan 4:8), Dios no puede dejar al hombre en este estado irreconciliable. Entonces, ¿qué hace Dios? ¿Cómo resolverá el problema del hombre que puede coexistir con Él en el cielo?

Mucho antes de la fundación de esta tierra, Dios ya había planeado que Él pagaría la pena por nuestro pecado. Él moriría en nuestro lugar. Éste fue su primer paso al tratar con la parte del castigo en el problema del pecado. Pero subsistía el hecho de que sólo una persona justa puede entrar al cielo. ¿Cómo podría el hombre ser perfecto?

La verdad es que no puede serlo por sí mismo. Sabiendo esto, el Señor se había propuesto reconocer *nuestra confianza* en Él como *estar justificados* ante Dios (Romanos 4.3). Si confiábamos en su obra en la cruz, y no en nuestras propias obras (Romanos 3:20; Gálatas 2:16; Efesios 2:8-9; Tito.3:5), eso sería considerado como si fuéramos perfectos. Jesús, siendo sin pecado, llevó nuestros pecados sobre sí mismo. Cambió su justicia por nuestro pecado (Romanos 3:22; 5:18; 2 Corintios 5:21). Entonces su sangre derramada nos limpia de nuestros pecados (Romanos 5:9; Efesios 1:7; Colosenses 1:14; Hebreos 9:12; 1 P.1:19; 1 Juan 1:7). Ahora podemos estar delante de Dios *como si* nunca hubiéramos pecado. ¡Qué plan maravilloso! Él hizo un camino donde no lo había. El Salmo 96:13 dice: "Juzgará al mundo con justicia, y a los pueblos con su verdad".

Algunas personas se quejan y dicen: "No me gusta este *único camino* que predican ustedes los cristianos". Deberían dejar de quejarse de que haya un solo camino y empezar a estar agradecidos de que haya un camino. ¿Por qué pensamos que Dios sencillamente debería excusar nuestro pecado? Cuando continuamos desobedeciendo voluntariamente a Dios aún después de que Él no ha dicho cuáles son las consecuencias de nuestro pecado, que moriremos (Génesis 2:17; Romanos 6:23), ya no tenemos excusa.

O dejamos que Jesús lleve el castigo, o lo llevamos nosotros —por toda la eternidad. La elección es nuestra. Confíe en Él o confíe en sí mismo. Si confía en sus propias buenas obras, Dios le mostrará todo lo que usted hizo y lo que pensó, y lo que debería haber hecho. Le revelará incluso las intenciones de su corazón. Todo será expuesto en una gran pantalla delante de usted y delante de todos para que lo vean. ¿Cómo cree usted que lucirá?

¿Confiará usted en sus propias obras, o confiará en la de Él?

> Porque por gracia sois salvos por medio de la fe; y esto no de vosotros, pues es don de Dios; no por obras, para que nadie se gloríe.
>
> —EFESIOS 2:8-9

23 *preguntas*

Pregunta 15 *¿No puede Dios crear otro lugar a donde vaya el hombre aparte del infierno?*

Pero los cobardes, los incrédulos, los abominables, los asesinos,
los que cometen inmoralidades sexuales, los que practican artes
mágicas, los idólatras y todos los mentirosos recibirán como
herencia el lago de fuego y azufre. Ésta es la segunda muerte.
—APOCALIPSIS 21:8, NVI

Sí, YA LO HIZO; ¡se llama *cielo*! Y Él preparó allí un lugar para *usted* (Juan 14:2). Si se lo pierde, es culpa suya. La razón por la que la gente hace esta pregunta es porque quieren ver un lugar que no contenga la dureza del infierno. Si se remite a mi respuesta a la Pregunta 1, verá que no puede existir un lugar *menos duro*. El infierno es horroroso porque se le han quitado los atributos y la bondad de Dios. Todo lo bueno que experimentamos es debido únicamente a Dios. Santiago 1:17 afirma que "Toda buena dádiva y todo don perfecto desciende de lo alto, del Padre de las luces...". El Salmo 33:5 dice: "...de la misericordia de Jehová está llena la tierra". No existe nada bueno fuera de Dios. La eternidad, o es sumamente dichosa con Dios, o sumamente horrorosa sin Él. No hay término medio.

Cuando completó la Creación, Él dijo: "Fueron, pues, acabados los cielos y la tierra, y todo el ejército de ellos" (Génesis 2:1). Él no va a crear otro lugar ahora, porque terminó entonces. Su Palabra nunca cambia (Salmos 119:89). Recuerde, el infierno fue preparado para el diablo y sus ángeles, no para el hombre (Mateo 25:41). Además, la principal razón por la cual Él no va a crear otro lugar es que el infierno es un castigo justificable ante los ojos de Dios.

Así como nuestro cuerpo no puede vivir en el espacio exterior o en el océano, nuestra alma sólo puede existir en el cielo o en el infierno.

No hay otro lugar para que more el alma. Si rehusamos la provisión (Jesús) para nuestros pecados, estamos rechazando la única manera que tiene el alma de ser salvada y entrar al cielo. Nos enviamos nosotros mismos al infierno. Dios nos da esa elección. Dios es el quien efectúa el envío al infierno, pero son nuestras propias palabras las que nos condenan (Mateo 12:37).

Es difícil pensar en gente que sufre en el infierno por toda la eternidad, pero cuestionando las razones de Dios, nos colocamos en un plano moral superior al de Dios mismo. La Biblia dice que sus caminos son perfectos (Salmos 19:7-8; 119:75, 89, 128), y no tenemos derecho a buscar defectos en Él. Podemos retroceder ante el ardiente infierno eterno, pero sabemos que los caminos de Dios son justos.

> Pensar en él es espeluznante, y no podemos evitar sentirnos impactados por nuestros compañeros humanos que están perdidos. Es correcto que lo estemos. Se nos ordena amar a nuestros enemigos así como a nuestro prójimo, pues también ellos son creados a la imagen de Dios...Sin embargo nuestra compasión natural puede deslizarse fácilmente hacia una aversión a la doctrina del infierno mismo...Cuando estemos en el cielo, alabaremos a Dios por todo lo que logró por medio del infierno... ¡El recto y justo juicio de Dios será revelado![1]
>
> —EDWARD DONNELLY

Debido a la severidad del infierno, ha habido muchos que no mantuvieron el punto de vista tradicional (y escritural) del castigo eterno. En sus mentes han formado un Dios que jamás podría permitir tal sufrimiento. Lo que no logran comprender es que Dios además es santo y justo. El pecado debe ser castigado y un castigo eterno se justifica si comprende cuánto odia Dios al pecado.

Él odia al pecado lo suficiente como para castigar severamente a su Hijo en la cruz por él. Si el pecado no fuera tan horrendo, Dios podría haber arreglado que Jesús fuera golpeado en la cabeza y muriera. Pero lo hizo experimentar un sufrimiento tan terrible porque el pecado es "sobremanera pecaminoso" para Dios (Romanos 7:13).

Él nos dice sin rodeos cómo llegar al cielo y nos advierte con claridad adónde iremos si rechazamos a Jesús como nuestro Señor y Salvador. "Pero los...incrédulos...tendrán su parte en el lago que arde con fuego y azufre..." (Apocalipsis 21:8). Si usted entonces dice: "Yo no creo eso", lisa y llanamente se condena a sí mismo. ¿Por qué una persona razonable creería la opinión de su mente antes que la Palabra de Dios? El cielo es su morada, y si queremos vivir allí, debemos seguir sus directivas para saber cómo llegar (Juan 3:36; Hechos 17:30; Romanos 10:9-10).

Recuerde, como señalamos en el capítulo 1, nada bueno existe aparte de Dios. Si pecamos, y todos somos culpables de eso, estamos separados de Él para siempre (Génesis 2:17). No podemos tener lo "bueno" sin Dios (Salmos 16:2-3; 27:13; 33:5; 107:15; Jeremías 31:14; Zacarías 9:17; Santiago 1:17), así que debemos ser reconciliados con Él si queremos experimentar alguna vez su bondad.

Él ha dispuesto que esa reconciliación sea por medio de su Hijo (Romanos 11:15; 2 Corintios 5:18-20; Colosenses 1:21; Hebreos 2:17). Si usted quiere lo bueno, tiene que tomar también al Dios del Universo. Si no lo quiere a Él, entonces sólo queda un lugar preparado para que pase la eternidad (Mateo 25:41-46). ¿Qué elegirá usted?

> En la casa de mi Padre muchas moradas hay; si así no fuera, yo os lo hubiera dicho; voy, pues, a preparar lugar para vosotros. Y si me fuere y os preparare lugar, vendré otra vez, y os tomaré a mí mismo, para que donde yo estoy, vosotros también estéis.
>
> —JUAN 14:2-3

23 *preguntas*

Pregunta 16 *La mayoría de la gente que está en el infierno, ¿no aceptaría al Señor si le dieran la oportunidad?*

El quinto ángel derramó su copa sobre el trono de la bestia, y el reino de la bestia quedó sumido en la oscuridad. La gente se mordía la lengua de dolor y, por causa de sus padecimientos y de sus llagas, maldecían al Dios del cielo, pero no se arrepintieron de sus malas obras.

—APOCALIPSIS 16.10-11, NVI

¡HABRÁ MUCHOS QUE SE arrepentirán de su mala decisión! Recordarán todas las veces en que alguien les compartió el mensaje del evangelio y no respondieron. Recordarán cuán a menudo fueron advertidos por Dios y todas las oportunidades que tuvieron de escuchar, pero se rehusaron. Su humillación en el infierno vendrá sólo como resultado de ver y experimentar los horrores del infierno, no por fe y confianza en Jesús. La mayoría lo aceptaría para evitar el dolor y no por un corazón arrepentido.

La Palabra es clara en que Dios requiere la fe para ser salvo (Efesios 2:8-9). No se necesitará fe después de que uno vea ese lugar de tormento. Será obvio que realmente la Biblia era verdad. El método de Dios para la salvación está explicado en la Biblia y Él no violará su Palabra (Salmos 89:34; 119:89). Dios considera nuestra fe y confianza en Él como "justicia". En el infierno la fe no es necesaria, así que es demasiado tarde para tenerla.

La Biblia dice que somos salvos por fe, no por vista. Además somos salvos por gracia, no por tiempo pasado en el infierno. El tiempo transcurrido sería obras y no somos salvos por obras (Gálatas 2:16; Efesios 2:8-9; Tito 3:5). Si pasáramos millones de años en el infierno, no importaría. No podríamos salir, seguiríamos siendo pecadores, y ningún pecador puede estar delante de Dios. Nuestro pecado sólo puede ser tratado con la sangre del Hijo de Dios derramada para pagar por el pecado. Se requería que alguien eterno y sin pecado pagara por nuestra eterna separación de Dios. Jesús lo hizo y Él es el único que podía.

Hay muchos que hasta lo maldecirán en el infierno y que seguirán rehusándose a arrepentirse, tal como lo profetiza Apocalipsis 16:10-11.

Sólo tenemos una vida y la decisión por Cristo debe ser hecha *antes de morir*. Hebreos 9:27 afirma: "Y de la manera que está establecido para los hombres que mueran una sola vez, y después de esto el juicio". Todos hemos tomado malas decisiones y nos hemos arrepentido de ellas. Pero usted no querrá equivocarse en esta decisión, ya que ésta es permanente. No hay segunda oportunidad, no hay regreso, no hay corte de apelación. ¡Así que tome la correcta!

> Y de la manera que está establecido para los hombres que mueran una sola vez, y después de esto el juicio...
>
> —HEBREOS 9:27

23 *preguntas*

Pregunta 17 *¿Dios no puede detener el mal que está ocurriendo?*

*Y busqué entre ellos hombre que hiciese vallado y que se pusiese
en la brecha delante de mí, a favor de la tierra, para que yo no la
destruyese; y no lo hallé.*

—EZEQUIEL 22:30

NO, DIOS NO PUEDE. Desde el momento en que el hombre
introdujo el pecado en el mundo (Génesis 2:17; 3:6-13; Romanos
5:12; 1 Corintios 15:21), se ha permitido el acceso a fuerzas demo-
níacas. Satanás y sus demonios tienen derecho legal a operar en la
tierra. Jesús vino para que podamos tener vida, y vida en abundancia,
pero Satanás vino a matar, hurtar y destruir (Juan 10:10). Primera de
Juan 3:8 dice: "Para esto apareció el Hijo de Dios, para deshacer las
obras del diablo". Como pueblo de Dios debemos orar y pedir a Dios
que intervenga. Él no se involucrará sin que alguien ore.

Mucha gente muere prematuramente porque no hay nadie que ore
por ella. Dios busca a alguien que se pare en la brecha y ore (Ezequiel
22:30). A causa de que nadie se para en la brecha, la voluntad de Dios
no se cumple en muchas vidas.

Como el hombre peca todos los días, y el pecado acarrea muerte
(Proverbios 13:21; Romanos 6:18-22; 8:2), el mal ocurrirá automáticamente. Para que Dios detuviera todo el mal que está ocurriendo
tendría que quitar el libre albedrío humano. Sin embargo, el amor
siempre da una oportunidad. En su libro *The Bible Has The Answer* (La
Biblia tiene la respuesta), Henry Morris y Martin E. Clark dijeron:
"El hombre consecuentemente fue creado con libertad moral. Pero
la libertad para amar a Dios y confiar en Él necesariamente implica
también libertad para odiar y rechazar a Dios. El Creador, por lo tanto,

sabía antes de crear al hombre, que éste pecaría y acarrearía así la maldición de la muerte al mundo (Romanos 5:12). Y seguramente la agonía de los milenios subsiguientes de sufrimiento y muerte en una creación que gime (Romanos 8:22) no brinda placer a Dios".[1]

Ezequiel 33:11 dice: "Vivo yo, dice Jehová el Señor, que no quiero la muerte del impío". Dios le ha dado la tierra al hombre, así que si es un caos, es culpa del hombre (Salmos 115:16). Lo que causa el mal es el propio obrar del hombre, y sin embargo, éste culpa a Dios. Dios es el que nos advierte para que lo obedezcamos a fin de que evitemos el mal. Qué irónico es que quien nos advierte del mal sea el mismo a quien se culpa por ese mal. La tierra está llena de la ignorancia del hombre, pero gracias a Dios, también está llena de la misericordia de Dios. Deberíamos regocijarnos de que Él no nos dé lo que nos merecemos.

Debido a su pecado, el hombre rompe su propio cerco de protección al desobedecer, y como leemos en Eclesiastés 10:8: "Al que abre brecha en el muro, la serpiente lo muerde" (NVI). Si obedecemos, estamos protegidos; si no, estamos sujetos al ataque y la destrucción del enemigo (Deuteronomio 28:15). Dios nos da la oportunidad de obedecerle y ser bendecidos, o de desobedecerle y ser maldecidos (Deuteronomio 30:19).

> Pues si vosotros, siendo malos, sabéis dar buenas dádivas a vuestros hijos, ¿cuánto más vuestro Padre que está en los cielos dará buenas cosas a los que le pidan?
>
> —MATEO 7:11

23 *preguntas*

Pregunta 18 *El fuego del infierno ¿es real o metafórico?*

Y sus arroyos se convertirán en brea,
Y su polvo en azufre,
Y su tierra en brea ardiente.
No se apagará de noche ni de día,
Perpetuamente subirá su humo;
De generación en generación será asolada,
Nunca jamás pasará nadie por ella.

—ISAÍAS 34:9-10

APOCALIPSIS 9:2 AFIRMA QUE del pozo subía humo como de un gran horno y "y se oscureció el sol y el aire por el humo del pozo". ¿Cómo podría un fuego metafórico o las llamas de una angustia mental producir humo real? Se requiere un fuego ardiente literal para producir el humo que oscurecía el cielo, no un fuego alegórico o metafórico.

Cuando el hombre rico que había sido enviado al infierno dijo que quería una gota de agua para refrescar su lengua, dijo que era porque "porque estoy atormentado en esta llama" (Lucas 16:24). Si sólo fuera angustia mental o algo distinto de fuego real, entonces ¿por qué le bastaría el agua?

La parábola de la cizaña es un ejemplo excelente de que es un fuego literal. Mire lo que dice el *Diccionario Bíblico Ilustrado Holman* respecto a esos versículos:

> Sin embargo, hay fuerte evidencia que indica que se usa el lenguaje literal y que la Biblia en verdad enseña un fuego literal y otros sufrimientos. La parábola de la cizaña de Mateo 13, que plantea el juicio eterno, es útil aquí. El Hijo de Hombre, el mundo, los hijos del reino, los hijos del malo, el diablo, el fin del mundo, los

ángeles, la cosecha —todas son figuras literales en la parábola. Entonces es natural concluir que el quemar la cizaña debería ser tomado literalmente.[1]

Si usted toma la Palabra de Dios literalmente, es fácil arribar a una interpretación literal del fuego. Comprendo que hay metáforas y expresiones idiomáticas, pero es obvio cuando son aplicadas, tal como en Gálatas 4:24, donde se explica claramente que es una alegoría. Otro ejemplo es cuando Jesús dijo que Él era el pan de vida (Juan 6:48). Ésa es una metáfora. Su Palabra representa el pan, y Él es la Palabra. Hay muchas de esas metáforas y alegorías en la Palabra de Dios, pero es obvio cuando son usadas. Decir que todos los versículos que he enumerado son alegóricos requeriría probarlo.

En el libro *The Bible Has The Answer* (La Biblia tiene la respuesta) el Dr. Henry M. Morris afirma: "Dondequiera que los escritores bíblicos usaban alegorías o parábolas, u otras historias simbólicas, siempre lo decían o lo hacían evidente en el contexto".[2]

Josh McDowell y Don Stewart dicen en su libro *Razones*: "Para interpretar figuradamente debemos encontrar en el pasaje una buena razón que justifique tal acción... Las palabras de un texto dado deben interpretarse literalmente si es posible; si no, se debe pasar al lenguaje figurado".[3]

Jesús mencionó el infierno en cuarenta y seis versículos y dieciocho de esos versículos se refieren a las llamas del infierno. La palabra que Él usa para *infierno* en once ocasiones es *Geenna*. La Geenna estaba fuera de los muros de Jerusalén y era el basurero de la ciudad que ardía continuamente. Los cadáveres no reclamados eran arrojados en ese fuego, y los perros salvajes y los gusanos comían la carne. El olor era sumamente pútrido y nauseabundo.[4] Esta es una gráfica imagen que Jesús quiso que viera la gente a quien hablaba para que reconocieran que les estaba dando una severa y aleccionadora advertencia. Si el infierno fuera algo bastante diferente, ¿por qué lo iba a comparar con un lugar donde había cuerpos que ardían? Mire la zarza ardiente de Éxodo 3:2. Moisés vio la zarza ardiendo realmente con llamas de fuego, y sin embargo no se consumía. Suena similar a un cuerpo en el infierno. Mire todos estos versículos:

> Porque fuego se ha encendido en mi ira, y arderá hasta las profundidades del Seol.
>
> —DEUTERONOMIO 32:22

> Piedra de azufre será esparcida sobre su morada....Ciertamente tales son las moradas del impío, y este será el lugar del que no conoció a Dios.
>
> —JOB 18:15, 21

> Sobre los malos hará llover calamidades; fuego, azufre y viento abrasador...
>
> —SALMOS 11:6

> Los pondrás como horno de fuego en el tiempo de tu ira; Jehová los deshará en su ira, y fuego los consumirá.
>
> —SALMOS 21:9

> Caerán sobre ellos brasas; serán echados en el fuego, en abismos profundos de donde no salgan.
>
> —SALMOS 140:10

> Porque Tofet ya de tiempo está dispuesto... cuya pira es de fuego, y mucha leña; el soplo de Jehová, como torrente de azufre, lo enciende.
>
> —ISAÍAS 30:33

> ¿Quién de nosotros morará con el fuego consumidor? ¿Quién de nosotros habitará con las llamas eternas?
>
> —ISAÍAS 33:14

Y sus arroyos se convertirán en brea,
Y su polvo en azufre,
Y su tierra en brea ardiente.
No se apagará de noche ni de día,
Perpetuamente subirá su humo;
De generación en generación será asolada,
Nunca jamás pasará nadie por ella.

—ISAÍAS 34:9-10

Porque he aquí, viene el día
Ardiente como un horno,...
Aquel día que vendrá los abrasará,
Ha dicho Jehová de los ejércitos...

—MALAQUÍAS 4:1

Así será al fin del siglo: saldrán los ángeles, y apartarán a los malos de entre los justos, y los echarán en el horno de fuego; allí será el lloro y el crujir de dientes.

—MATEO 13:49-50

...quemará la paja en fuego que nunca se apagará.

—LUCAS 3:17

Y en el Hades alzó sus ojos, estando en tormentos, y vio de lejos a Abraham, y a Lázaro en su seno. Y en el Hades alzó sus ojos, estando en tormentos, y vio de lejos a Abraham, y a Lázaro en su seno. Entonces él, dando voces, dijo: Padre Abraham, ten misericordia de mí, y envía a Lázaro para que moje la punta de su dedo en agua, y refresque mi lengua; porque estoy atormentado en esta llama.

—LUCAS 16:23-24

El que en mí no permanece, será echado fuera como pámpano, y se secará; y los recogen, y los echan en el fuego, y arden.

—JUAN 15:6

él ...será atormentado con fuego y azufre... y el humo de su tormento sube por los siglos de los siglos. Y no tienen reposo de día ni de noche.

—APOCALIPSIS 14:10-11

Estos dos fueron lanzados vivos dentro de un lago de fuego que arde con azufre

—APOCALIPSIS 19:20

Y el diablo que los engañaba fue lanzado en el lago de fuego y azufre, donde estaban la bestia y el falso profeta; y serán atormentados día y noche por los siglos de los siglos.

—APOCALIPSIS 20:10

Hay muchos buenos eruditos que afirman que el fuego del infierno no es literal. También concluyen que los gusanos no son literales. Sin embargo, Isaías 14:11 declara: "...gusanos serán tu cama, y gusanos te cubrirán". Si no es literal y representan meramente pensamientos que carcomen su mente, entonces por qué el escritor usó la palabra *gusano* y dijo que serían su cama, y que gusanos lo cubrirían? ¿Cómo pueden los "pensamientos" ser esparcidos como una cama y sobre alguien? Si es una simple metáfora o analogía, es una muy pobre.

Puesto que la Biblia menciona que el cielo tiene puertas de perlas, calles de oro, y muros de piedras preciosas, ¿diremos que esos ejemplos son sólo lenguaje metafórico y no deben ser tomados literalmente? ¡Creo que no! La mayoría estará de acuerdo en que las puertas de perlas son literales. Creo que así como el cielo es literal, también lo son las características del infierno.

Yo vi las llamas y el azufre, y estaba seguro de que era literal. Sin embargo, estoy completamente convencido por los muchos versículos, más que por mi propia evidencia empírica. Sea como fuere, no es un asunto importante.

...Jesús, quien nos libra de la ira venidera.

—1 TESALONICENSES 1:10

23 *preguntas*

Pregunta 19 *¿Por qué los propios demonios no son atormentados?*

Y el diablo que los engañaba fue lanzado en el lago de fuego
y azufre, donde estaban la bestia y el falso profeta; y serán
atormentados día y noche por los siglos de los siglos.
—APOCALIPSIS 20:10

EN MATEO 8:29, DONDE Jesús echa los demonios fuera de dos hombres que vivían entre los sepulcros, los demonios dijeron: "¿Has venido acá para atormentarnos antes de tiempo?". ¿A qué tiempo se referían? Creo que es cuando Satanás y sus demonios al fin serán echados al lago de fuego (Apocalipsis 20:10). Hasta entonces, los demonios parecen tener rienda suelta en la tierra y también en el infierno (*Seol*). Son capaces de atormentar a las personas en ambos lugares (Isaías 14:12-15; Ezequiel 28:17; Mateo 25:41; Apocalipsis 12:4-8). Después de ese tiempo, probablemente no podrán atormentar al hombre, ya que estarán en pleno tormento ellos mismos.

La Biblia, sin embargo, no es clara acerca de este suceso futuro. Los demonios parecen estar en un tormento parcial, como muchos comentarios lo señalan:

> Según las palabras de los demonios, ellos creen en la existencia de Dios y la deidad de Cristo, así como en la realidad del juicio futuro.[1]

> Torturadores y destructores ellos mismos de sus víctimas, reconocen en Jesús los tormentos destinados para ellos y a su destructor, anticipando y temiendo lo que ellos saben y perciben que les espera.[2]

Habrá un tiempo en que los demonios serán atormentados más que lo que lo son ahora, y ellos lo saben. El gran juicio del día final es el tiempo fijado para su completa tortura...están reservados para el juicio de ese día...Serán hechos prisioneros inmediatos entonces. Ahora tienen un poco de alivio; después estarán en continuo tormento. Es su propia enemistad con Dios y con el hombre que los puso en tortura, y los atormenta antes de tiempo.[3]

El temor de los demonios de que Cristo los atormente "antes de tiempo" (v.29) indica que hay un futuro juicio para Satanás y sus ejércitos."[4]

Los ángeles caídos fueron arrojados a la tierra (Apocalipsis 12:4-8) y también al infierno (*Seol*).

¡Cómo caíste del cielo,
Oh Lucero, hijo de la mañana!
Cortado fuiste por tierra,...
Mas tú derribado eres hasta el Seol,
A los lados del abismo.

—ISAÍAS 14:12, 15

Abismo, o *bor*, es la misma palabra usada para los muchos versículos que describen el abismo del hombre (Vea también *bor*: Salmos 28:1; 30:3; 40:2; 88:4; Isaías 38:18; Ezequiel 26:20; 31:14. *Seol*: Salmos 49:14; 55:15; 86:13; Proverbios 15:24). Existen trece palabras para "abismo" en el Antiguo Testamento y sólo cuatro son usadas (la quinta una sola vez) como sinónimos de *Seol*.

Los demonios atormentan a muchas personas que viven en la tierra (Job 2:7; Mateo 8:28; Marcos 5:5; 9:17–18, 22; Lucas 9:39–42; 11:26; 22:31).

Los demonios atormentan a la gente en el infierno

Puesto que en el infierno algunos demonios están en el mismo lugar que las personas, y no hay ángeles que protejan a nadie (Salmos 34:7), los demonios atormentarán naturalmente a los ocupantes del infierno. Dios es quien lo permite; Él tiene el control del infierno. Él le asigna al hombre su lugar apropiado allí (Mateo 24:51; Lucas 12:46; Apocalipsis 21:8).

Algunos me han preguntado: "¿En qué parte de la Biblia se describe a estos grotescos demonios que usted vio en el infierno?". La Biblia describe a los demonios y a algunos ángeles, y nosotros creemos que los demonios son ángeles caídos. Comparto alguna información al respecto en mi segundo libro, *El infierno*.[5] Examine los siguientes versículos, y verá una descripción de algunas de estas extrañas criaturas que describieron los escritores: Ezequiel 1; Apocalipsis 4:6-8: 9:2-10; 13:11.

Aquí tenemos algunos versículos y comentarios para describir el tormento:

Mateo 18:34 dice: "...le entregó a los verdugos". Observe que el versículo siguiente dice: "Así también mi Padre celestial hará con vosotros...". La pregunta es: ¿Quiénes son los verdugos? Matthew Henry los describe como: "Los demonios, los ejecutores de la ira de Dios, serán sus torturadores por siempre".[6]

John Wesley afirma: "Su perdón fue retractado, la deuda completa fue exigida, y el ofensor *fue entregado a los torturadores para siempre*" (énfasis añadido).[7]

Lucas 12:47 dice: "...recibirá muchos azotes". Respecto a este versículo, John Wesley declara: "Puesto que los ejecutores de la venganza de Dios están cerca, y cuando Él ya lo ha entregado a ellos, usted está atado para siempre".[8]

El Salmo 50:22 dice: "Entended ahora esto, los que os olvidáis de Dios, no sea que os despedace". Matthew Henry dice respecto a este versículo: "Aquellos que no tengan en cuenta las advertencias de la Palabra de Dios ciertamente serán despedazados *por los verdugos*".[9] ¿Quiénes son los verdugos?

Mateo 25:41 dice: "Entonces dirá también a los de la izquierda: Apartaos de mí, malditos, al fuego eterno preparado para el diablo y sus ángeles". El *Comentario Matthew Henry de Toda la Biblia* afirma:

> Si deben ser sentenciados a tal estado de miseria sin fin, ¿pueden no obstante tener alguna buena compañía? No, ninguna, excepto el diablo y sus ángeles, sus acérrimos enemigos, que ayudarán a acarrearles esa miseria y triunfarán sobre ellos en eso. Ellos servían al diablo mientras vivían, y por lo tanto están justamente sentenciados a estar donde él está. Es terrible estar en una casa hechizada con demonios; ¿qué será entonces tenerlos por compañeros por toda la eternidad? Si los pecadores se asocian con Satanás permitiéndose esos deseos, deben agradece rse a ellos mismos el volverse partícipes de esa miseria que fue preparada para él y sus asociados. Entonces dirá también a los de la izquierda: "Apartaos de mí, malditos, al fuego eterno preparado para el diablo y sus ángeles".[10]

El *Vine's Expository Dictionary of Old and New Testament Words* (Diccionario Expositivo Vine de Palabras del Antiguo y Nuevo Testamento) expresa: "La morada de las almas condenadas y los demonios. El averno o estado de tortura y castigo para los malos después de la muerte, *presidido por Satanás*" (énfasis añadido).[11] Otros versículos referentes al tormento pueden hallarse en 1 Samuel 2:10; 2 Samuel 22:6; Job 33:22; Salmos 32:10; 49:14; 74:20; 116:3; 141:7; Amós 5:18–19.

También hay muchos versículos sobre los diferentes grados de castigo y varios de ellos suponen un torturador ((1 Samuel 2:10; Job 33:22; Sal. 50:22; Amós 5:18–19; Mateo 18:34; Lucas 12:47). Matthew Henry afirma: "Hay diferentes grados de castigo en ese día. Todos los dolores del infierno serán intolerables, pero algunos lo serán más que otros. Algunos se hunden más en el infierno que otros, y son castigados con más azotes".[12] ¿Quién está dando los golpes?

Job 18:18 dice: "De la luz será lanzado a las tinieblas, y echado fuera del mundo". Matthew Henry agrega: "Él es echado fuera del mundo, apremiado y arrastrado por los mensajeros de la muerte, penosamente contra su voluntad".[13]

Job 33:22 dice: "Su alma se acerca al sepulcro, [Seol], y su vida a los que causan la muerte". Jamieson, Fausset y Brown a estos torturadores los llaman "ángeles de la muerte ordenados por Dios para poner fin a la vida del hombre".[14]

Apocalipsis 14:11 dice: "Y el humo de su tormento sube por los siglos de los siglos. Y no tienen reposo de día ni de noche". "Los perdidos no descansarán del pecado y de Satanás, del terror, del tormento ni del remordimiento."[15]

El Dr. Erwin Lutzer declara: "Es comprensible que los espíritus demoníacos esperasen a quienes entraran a la eternidad sin el perdón y la aceptación de Dios".[16] Matthew Henry agrega: "Dios a menudo, por fines sabios y santos, permite los esfuerzos de la furia de Satanás, y lo deja hacer el daño que haría, y hasta se sirve de eso para sus propios propósitos. Los demonios no solo son cautivos de Cristo, sino sus vasallos".[17]

En el Día del Juicio (Apocalipsis 20:10-15), Satanás y sus demonios serán arrojados al lago de fuego y es muy probable que ya no puedan atormentar a nadie, porque ellos mismos estarán en pleno tormento.

Recuerde, Jesús libera; Satanás destruye.

> ... vino a su encuentro un hombre de la ciudad, endemoniado desde hacía mucho tiempo...y le rogaron que los dejase entrar en ellos [un hato de cerdos]; y les dio permiso. Y los demonios, salidos del hombre, entraron en los cerdos; y el hato se precipitó por un despeñadero al lago, y se ahogó. Y los que apacentaban

los cerdos, cuando vieron lo que había acontecido, huyeron, ...y salieron a ver lo que había sucedido... vinieron ...y hallaron al hombre de quien habían salido los demonios, sentado a los pies de Jesús, vestido, y en su cabal juicio...

—LUCAS 8:27, 32–35

23 *preguntas*

Pregunta 20 *Puesto que Dios es un Dios de amor, todos los que lo rechazan serán aniquilados (y no dejados para sufrir eternamente), ¿verdad?*

E irán estos al castigo eterno, y los justos a la vida eterna.

—MATEO 25:46

SI DIOS HUBIERA PLANEADO aniquilar a la humanidad pecadora, ¿por qué descendió y murió por nosotros? ¿De qué nos salvó? No, no serán aniquilados, ya que Él nos hizo a su imagen (Génesis 1:26). Existiremos por siempre. Aquí tenemos algunos versículos que nos muestran que nuestra alma es eterna.

...al salírsele el alma (pues murió)...

—GÉNESIS 35:18

Dios redimirá su alma para que no pase al sepulcro.

—JOB 33:28

No arrebates con los pecadores mi alma.

—SALMOS 26:9

Pues tú has librado mi alma de la muerte.

—SALMOS 126:8

En ti he confiado; no desampares mi alma.

—SALMOS 141:8

Y librarás su alma del Seol.

—PROVERBIOS 23:14

Y el polvo vuelva a la tierra, como era, y el espíritu vuelva a Dios que lo dio.

—ECLESIASTÉS 12:7

... eres tú quien ha guardado mi alma del abismo de la nada.

—ISAÍAS 38:17, LBLA

En el libro *Hell Under Fire* (El infierno bajo ataque) Christopher W. Morgan escribe: "La aniquilación es la creencia en que quienes mueren sin ser salvados por la fe en Jesucristo finalmente serán aniquilados. Así, los aniquilacionistas rechazan el punto de vista histórico del infierno como un castigo eterno y consciente".[1]

Los siguientes versículos son absolutamente claros respecto a que habrá sufrimiento en el infierno por toda la eternidad.

Apocalipsis 14:10-11 es muy claro. Afirma: "Él también beberá del vino de la ira de Dios, que ha sido vaciado puro en el cáliz de su ira; y será atormentado con fuego y azufre delante de los santos ángeles y del Cordero; y el humo de su tormento sube por los siglos de los siglos. *Y no tienen reposo de día ni de noche*" (énfasis añadido).Veamos cada parte de estos versículos.

> ▸ "delante de": así que este hombre tiene que existir.

> ▸ "y el humo de su tormento sube por los siglos de los siglos": Observe que dice "su tormento". Deben existir para que la Escritura diga "su tormento".

> ▸ "...y no tienen reposo de día ni de noche": Para "no tener reposo" usted tiene que existir.

En su libro *Hell on Trial* (Proceso al infierno), el Dr. Robert A. Peterson dice: Él da a entender su existencia continua. No tendría sentido decir que no tienen descanso si hubieran dejado de existir".[2]

Apocalipsis 20:13 afirma: "...y la muerte y el Hades entregaron los muertos *que había en ellos*; y fueron juzgados cada uno según sus obras" (énfasis añadido). Posiblemente usted no pueda eludir este versículo. Se refiere a los muertos que *estaban en el infierno y fueron juzgados*. Si usted hubiera cesado de existir, ¿cómo podría ser entregado y juzgado? Obviamente, debería seguir existiendo. Es ineludible.

Mire este próximo versículo. Esto es prueba de que estas dos personas siguen existiendo después de estar en el lago de fuego durante mil años. En Apocalipsis 19:20, la bestia y el falso profeta son arrojados al lago de fuego después de la Gran Tribulación. Más tarde, al fin del milenio, Juan ve que Satanás es arrojado al lago de fuego donde están la bestia y el falso profeta (Apocalipsis 20:10). Ellos continúan existiendo después de mil años: no fueron aniquilados.

Isaías 14:9-10 afirma: "El Seol abajo se espantó de ti; despertó muertos que en tu venida saliesen a recibirte... Todos ellos darán voces, y te dirán: ¿Tú también te debilitaste como nosotros, y llegaste a ser como nosotros?". Obviamente, ellos deben seguir existiendo para poder hablar.

Ezequiel 32:21 dice: "De en medio del Seol hablarán a él los fuertes de los fuertes...". Una vez más, ¿cómo podrían hablar desde el infierno y sin embargo no existir?

Además, en Lucas 16, el hombre rico dijo que quería una gota de agua para refrescar su lengua, pues estaba "atormentado en esta llama". En mi libro *El infierno*, cité pruebas de que este versículo no es una parábola.[3] Aunque lo fuera, ¿cómo se podría llegar a la conclusión de que no hay nadie en el infierno? La parábola no tendría sentido y en realidad implicaría lo opuesto de lo que significa. No, no era una parábola, puesto que las dos personas tienen nombre, y ninguna otra parábola ha nombrado a nadie. Significa exactamente lo que dice: que este hombre estaba vivo, consciente y en tormento. Usted no puede torcer su significado evidente.

Mire detenidamente los próximos veintiocho versículos. ¿Puede alguien tergiversarlos también a todos ellos?

> ▸ "...los malvados son acallados en tinieblas" (1 Samuel 2:9, LBLA). ¿Por qué mencionar el acallarlo si usted no existe?

> ▸ "No escapará de las tinieblas; la llama secará sus ramas" (Job 15:30). Usted debe existir para no escapar de las tinieblas.

▸ "Ligaduras del Seol [infierno] me rodearon" (Salmos 18:5). ¿Qué ligaduras tendría si usted no existiera?

▸ "Y nunca más verá la luz" (Salmos 49:19). Uno debe seguir existiendo para *no ver nunca* la luz.

▸ "Me encontraron las angustias del Seol; angustia y dolor había yo hallado" (Sal.116:3). ¿Cómo podría hallar dolor si usted no existe?

▸ "...sus convidados están en lo profundo del Seol" (Proverbios 9:18). ¿Cómo puede uno tener convidados si no existe?

▸ "Y serán amontonados como se amontona a los encarcelados en mazmorra, y en prisión quedarán encerrados" (Isaías 24:22). ¿Cómo podría "quedar encerrado en prisión" si no existiera?

▸ "¿Quién de nosotros habitará con las llamas eternas?" (Isaías 33:14). Para habitar con las llamas eternas, usted tiene que existir (la misma palabra "eterna" en Salmos 112:6).

▸ "No se apagará de noche ni de día, perpetuamente subirá su humo" (Isaías 34:10).

▸ "...ni los que descienden al sepulcro esperarán tu verdad" (Isaías 38:18). No necesitaría esperanza si no existiera.

▸ "Porque su gusano nunca morirá, ni su fuego se apagará, y serán abominables a todo hombre" (Isaías 66:24). ¿Cómo podrían ser "abominables" si no existieran?

▸ "...tendrán perpetua confusión que jamás será olvidada" (Jeremías 20:11).

▸ "Me dejó en oscuridad, como los ya muertos de mucho tiempo" (Lamentaciones 3:6). A menos que exista, ¿cómo podría usted saber que está oscuro?

▸ "...porque todos están destinados a muerte, a lo profundo de la tierra, entre los hijos de los hombres, con los que descienden a la fosa" (Ezequiel 31:14). ¿Cómo podría usted estar "entre" si no existe?

▸ "...unos para vida eterna, y otros para vergüenza y confusión perpetua". (Daniel 12:2)

▸ "...allí será el lloro y el crujir de dientes" (Mateo 13:42). Uno debe existir para crujir los dientes, y eso tendrá lugar después del Día del Juicio.

▸ "...ser echado en el fuego eterno" (Mateo 18:8). ¿Por qué fuego eterno?

▸ "...por esto recibiréis mayor condenación" (Mateo 23:14). ¿Cómo podría ser "mayor" si todos hubieran dejado de existir?

▸ "...le hacéis dos veces más hijo del infierno que vosotros" (Mateo 23:15). ¿Dos veces más aniquilado?

▸ "...y pondrá su parte con los hipócritas... (Mateo 24:51). ¿Por qué iría a tener asignado un lugar si no existiera?

▸ "...mejor te es entrar en la vida manco, que teniendo dos manos ir al infierno, al fuego que no puede ser apagado" (Marcos 9:43). ¿Cuál sería la diferencia de tener dos manos en el infierno si usted no existiera?

▸ "...donde el gusano de ellos no muere, y el fuego nunca se apaga" (Marcos 9:44). Observe que dice el gusano "de ellos". ¿Cómo pueden tener gusanos si no existen?

▶ "...y quemará la paja en fuego que nunca se apagará" (Lucas 3:17). ¿Por qué se necesitaría fuego que nunca se apague?

▶ "...los cuales sufrirán pena de eterna perdición" (2 Tesalonicenses 1:9).

▶ "...para los cuales la más densa oscuridad está reservada para siempre" (2 Pedro 2:17).

▶ "...sufriendo el castigo del fuego eterno" (Judas 7). ¿Por qué se necesitaría fuego eterno si no hubiera nadie en él?

▶ "...para las cuales está reservada eternamente la oscuridad de las tinieblas" (Judas13).

▶ "...y todos los mentirosos tendrán su parte en el lago que arde con fuego y azufre..." (Apocalipsis 21:8). ¿Por qué diría "su parte" si usted no existiera?

Jesús usó la palabra *Geenna* once veces en referencia al infierno futuro, el infierno que existirá después del Día del Juicio (el lago de fuego, Apocalipsis 20:13-15). Las otras cuatro veces que Él mencionó el infierno, usó la palabra *Seol*, que representa el infierno actual. ¿Por qué iba a usar la frase "llorar y crujir de dientes" con *Geenna* si las personas simplemente fueran a ser *aniquiladas* después del Día del Juicio?

En Mateo 25:46, Jesús dijo: "E irán éstos al castigo eterno, y los justos a la vida eterna". La palabra para *eterno* es *aionios*. Es la misma palabra usada para describir el cielo y el infierno. Puesto que quienes están en el cielo son eternos, también lo son quienes están en el infierno. Dijo lo mismo en Juan 5:29 y Marcos 16:16.

Si no hay infierno, entonces ¿por qué Jesús sufrió y murió por nosotros? Si el infierno es solo temporario, ¿por qué Jesús nos advirtió en cuarenta y seis versículos, especialmente con referencia a su carácter eterno? ¿Cómo podría haber grados de castigo si todos dejaran de existir? Si no hay infierno, entonces ¿dónde está la justicia? Estas son preguntas que no pueden contestarse si uno cree en el aniquilacionismo o incluso en una aniquilación condicional. Los versículos listados aquí son muy claros. La tergiversación de tantos sólo puede atribuirse a la negación, la obstinación o la rebelión.

> El aniquilacionismo es un error muy grave porque conduce a los pecadores no arrepentidos a subestimar su destino. ¿Los impíos no estarían más inclinados a vivir de manera egoístas toda su vida, sin pensar en Dios, si esperaran enfrentar la extinción final después de la muerte en vez de un castigo eterno?[4]
> —ROBERT A. PETERSON

Comprender que el infierno es eterno nos permite apreciar mucho mejor aquello de lo cual hemos sido salvados. Nos hace caminar más en el temor del Señor (Proverbios 16:6; Jeremías 32:40; Mateo 10:28) y nos da una mayor pasión para testificar (2 Corintios 5:10-11).

El Dr. Peterson continúa diciendo: "Al estudiar el infierno... mi deseo de evitarle a la gente tal destino ha producido en mí una mayor valentía para contarles las buenas nuevas".[5]

Nuestro deseo debería ser agradar a Dios. Santiago 4:14 dice que la vida es neblina. Sin embargo, lo que hagamos en este minúsculo momento determinará cómo pasemos la eternidad. La pregunta para nosotros mismos es: ¿Tomaremos conciencia de la eternidad, o sólo pensaremos en el presente sin considerar los deseos de Dios? Nuestra tarea es servir al Señor y advertir a los demás.

> ...con gozo dando gracias al Padre que nos hizo aptos para participar de la herencia de los santos en luz; el cual nos ha librado

de la potestad de las tinieblas, y trasladado al reino de su amado
Hijo...

—COLOSENSES 1:12-13

23 *preguntas*

Pregunta 21 *¿En qué difiere la religión cristiana de cualquier otra?*

Porque por gracia sois salvos por medio de la fe; y esto no de
vosotros, pues es don de Dios; no por obras, para que nadie se
gloríe.

—EFESIOS 2:8-9

NINGÚN OTRO LIBRO RELIGIOSO ha sufrido un escrutinio tan intenso como la Biblia y nunca se ha podido encontrar ni una discrepancia que no pueda ser clarificada con un estudio erudito. La Biblia es el único libro religioso que tantos han tratado de destruir, prohibir y hasta han querido matar a sus escritores. ¿Por qué no sucedió con ningún otro libro? (Vea Salmos 19:7; 100:5; 117:2; 119:142; Proverbios 22:21; Juan 5:26; 8:40, 45; 16:13; 18:37; Romanos 3:7; 9:1; Gálatas 2:5; Filipenses 1:18; 1 Tesalonicenses 2:13; 2 Ti. 3:7; 3 Juan 4.)

Ninguna otra creencia ha aseverado que alguien murió por usted y tiene pruebas de la resurrección de esa persona. Billy Graham afirma: "La mayoría de las religiones del mundo se basan en pensamientos filosóficos, excepto el judaísmo, el budismo, el islam y el cristianismo. Estas cuatro se basan en personalidades. Sólo el cristianismo afirma la resurrección de su fundador".[1] Esa afirmación es cierta y se ha probado que es verdadera.

> El hecho de la resurrección... está avalado por una mayor variedad de testimonios y otras evidencias que cualquier otro evento histórico que haya tenido lugar desde que el mundo comenzó... Los apóstoles y los primeros cristianos, por cientos de miles, creían y predicaban la resurrección... Muchos de ellos sufrieron gravemente por su fe, perdiendo sus posesiones y, a menudo, sus vidas. Difícilmente habrían persistido en su testimonio a menos

que hubieran sido firmemente persuadidos, después de una minuciosa consideración de todos los hechos, ¡de que su Salvador había conquistado la muerte! Tenía el testimonio de los apóstoles, por supuesto, y además, el de los "quinientos hermanos..."

La tumba vacía nunca ha sido explicada, excepto por la resurrección corporal. Si el cuerpo todavía hubiera estado allí, o en cualquier otro lugar aun accesible para los judíos o los romanos, ellos seguramente lo habrían utilizado como un medio seguro para apagar inmediatamente la extensión de la fe cristiana. Si los apóstoles u otros amigos de Jesús de alguna manera hubieran tenido el cuerpo, y hubieran sabido que Él estaba muerto, nunca podrían haber predicado la resurrección como lo hicieron, sabiendo que seguramente significaría persecución para ellos y posiblemente la muerte. Ningún hombre sacrificará su vida voluntariamente por algo que sabe que es una mentira".[2]

Siempre hubo de modo continuo un gran número de personas que perdieron sus vidas por el evangelio. Esto viene ocurriendo a lo largo de dos mil años. Hay cientos de millones de personas que asisten a la iglesia y adoran a Jesús cada semana en todo el mundo. Existen incontables ministerios que hacen grandes obras para ayudar a los pobres y necesitados y extender el evangelio. ¿Por qué todo este bien continuaría si todo fuera una mentira?

Todas las otras religiones le dicen lo que *usted* debe hacer para posiblemente *ganar* su salvación. El cristianismo le dice que no hay nada que usted pueda hacer para ganarla: es un regalo. No hay obras involucradas en eso.

Por otra parte, nadie más ha solucionado el problema de tratar el pecado. ¿Cómo se resuelve eso en otras religiones? No se resuelve. En *Powerful Faith-Building Quotes* (Citas poderosas que edifican la fe), John G. Lake dijo: "Ninguna religión entre las religiones del mundo ha ofrecido jamás una solución para el problema del pecado. Sólo Jesucristo ha traído la solución".[3]

Es más, se ha encontrado que la creencia en el infierno es realmente buena para una sociedad. En USAToday.com se publicó un artículo titulado: "Informe de la FED:[a] La creencia en el infierno fomenta el crecimiento económico". El artículo afirmaba: "Los economistas que buscan razones por las que algunas naciones son más ricas que otras han hallado que aquellas donde hay una difundida creencia en el infierno son menos corruptas y más prósperas, según un informe del Banco de la Reserva Federal de San Luis".[4]

La fe cristiana también es única en que se identifica por una manifestación del amor. Ninguna otra religión puede afirmar tal fundamento de su fe. Jesús dijo, en Juan 13:34-35: "...Que os améis unos a otros... En esto conocerán todos que sois mis discípulos, si tuviereis amor los unos con los otros". El amor es manifestado por tantos porque la Biblia dice en 1 Juan 4:8 que "Dios es amor".

Jesús dijo: "...mis palabras no pasarán" (Mateo 24:35). Muchas religiones han agregado a la Biblia sus propios libros o han sacado partes de ella. Sin embargo, la Biblia prohíbe estrictamente añadir o quitar de sus páginas (Deuteronomio 4:2; Proverbios 30:6; Apocalipsis 22:18).

La Biblia sigue siendo el libro más publicado del mundo, aunque durante dos mil años muchos han tratado de destruirla. ¿Por qué ningún otro libro religioso es así atacado? Satanás lo ha intentado, pero la Escritura no puede ser quebrantada (Juan 10:35).

Lo esencial es que no podemos ganar nuestra salvación, ya que no somos lo *bastante buenos* para ganar la entrada a ella. Jesús nos ama, y dio su vida por nosotros. Él no tenía que hacerlo, pero eligió sufrir una muerte atroz en lugar de nosotros, para que podamos vivir con Él en su reino perfecto. Él nos da a elegir: creer que es el Hijo de Dios, o negarlo como Hijo de Dios. El amor siempre nos da posibilidad de elegir (Mateo 26:2; Marcos 15:20; Lucas 24:7; Juan 19:15; 1 Corintios 1:23; 15:3-4, 6; Efesios 2:8-9; Tito 3:5).

Mirad a mí, y sed salvos,
Todos los términos de la tierra,
Porque yo soy Dios, y no hay más.

—ISAÍAS 45:22

Nota a la Traducción:

a. FED: El Sistema de la Reserva Federal, o banco central de los Estados Unidos.

23 *preguntas*

Pregunta 22 *¿Es justo que alguien viva una vida impía y en el último momento "se salve"?*

...que si confesares con tu boca que Jesús es el Señor, y creyeres en tu corazón que Dios le levantó de los muertos, serás salvo.

—ROMANOS 10:9

A MUCHOS NO LES PARECE justo que una persona pueda llevar una vida impía hasta el fin, y justo antes de morir se convierta en cristiana y vaya al cielo. Sentimos que esa persona se merece el infierno. Pero la verdad es que todos merecemos el infierno. Recuerde, la salvación no está basada en nuestras buenas obras. Todos somos malos a los ojos de Dios (Salmos 143:2; Romanos 3:10-12, 23). Sólo el arrepentimiento trae salvación. (Vea también Mateo 3:2; 4:17; Lucas 13:3; 15:7; 24:47; Hechos 3:19; 17:30.)

La cuestión es que el hecho de que Dios salve en su lecho de muerte a un hombre extremadamente malo muestra cuán amoroso y perdonador es realmente Él. Su amor va mucho más allá que el nuestro (Romanos 5:8; Efesios 3:19). Él no está tratando de mantener a la gente fuera del cielo sino de hacerla entrar. Si logramos captar con nuestras mentes que no podemos ganarnos el camino al cielo, que no tiene nada que ver con que seamos buenos, entonces podremos ver cómo es que Dios puede salvar a un desdichado en el último momento.

Observe a los dos malhechores (ladrones) en la cruz. Uno dijo: "Si tú eres el Cristo, sálvate a ti mismo y a nosotros" (Lucas 23:39).

> Respondiendo el otro, le reprendió, diciendo: ¿Ni aun temes tú a Dios, estando en la misma condenación? Nosotros, a la verdad, justamente padecemos, porque recibimos lo que merecieron nuestros hechos; mas éste ningún mal hizo. Y dijo a Jesús:

Acuérdate de mí cuando vengas en tu reino. Entonces Jesús le dijo: De cierto te digo que hoy estarás conmigo en el paraíso.

—LUCAS 23:40-43

Éste era humilde y sabía que merecía el castigo. También sabía que Jesús era Dios. Él clamó en su último momento, y Jesús lo salvó. Así de amante es nuestro Dios. Usted y yo podemos no ser siempre así de amorosos, pero Dios lo es. Sólo imagine, el otro ladrón ahora tiene toda la eternidad para pensar que estuvo justo al lado del único que podía haberlo salvado del infierno y no lo supo o no lo creyó. Que eternidad del más profundo arrepentimiento.

No estoy diciendo que usted puede planear vivir como quiera y salvarse al final. No, Dios conoce su corazón, y sólo el verdadero arrepentimiento con un corazón contrito trae salvación (2 Corintios 7:9). Además, usted ni siquiera sabe si tendrá una oportunidad de ser salvo antes de morir. Muchos mueren repentinamente. No arriesgue su alma. Una vez que haya muerto, será demasiado tarde. Tendría una eternidad para pensar en su necia dilación. Haga hoy mismo la elección correcta (Deuteronomio 30:19).

[el ladrón en la cruz] dijo a Jesús: Acuérdate de mí cuando vengas en tu reino. Entonces Jesús le dijo: De cierto te digo que hoy estarás conmigo en el paraíso.

—LUCAS 23:42-43

23 *preguntas*

Pregunta 23 *¿Cómo puedo estar seguro de que no iré al infierno?*

De modo que si alguno está en Cristo, nueva criatura es; las cosas viejas pasaron; he aquí todas son hechas nuevas.

—2 Corintios 5:17

USTED PUEDE ESTAR SEGURO este mismo día de que será llevado al cielo y no a ese terrible lugar de tormento. Si se halla en un momento de su vida en que está dispuesto a arrepentirse de sus pecados —y eso significa cambiar un estilo de vida pecaminoso—, si confiesa con su boca que Jesús es el Señor y Salvador de su vida y cree en su corazón que Dios lo levantó de los muertos, puede ser salvo (Lucas 13:3; Romanos 10:9–10). Jesús dijo en Juan 14:6: "Yo soy el camino, y la verdad, y la vida; nadie viene al Padre, sino por mí". No hay otro camino.

Si usted está listo, haga esta oración:

> *Amado Dios del cielo: Sé que he pecado y que no puedo salvarme a mí mismo. Creo que tú enviaste a tu Hijo, Jesús, a morir en la cruz por mí (Juan 3:16; 12:47; Romanos 5:8; 1 Corintios 15:3; Gálatas 1:4). Creo que Él fue crucificado, muerto, sepultado y que resucitó de entre los muertos. Te pido que perdones mis pecados. Me arrepiento. Me vuelvo de mis pecados. Es por causa de tu sangre derramada (Romanos 5:9; 1 Juan 1:7), y no por mis obras (Gálatas 2:16; Efesios 2:8-9; Tito 3:5), que puedo ser salvo. Entra en mi corazón. Yo te recibo como mi Señor y Salvador. Quiero agradecerte, Jesús, por salvarme del infierno. Ahora soy un cristiano nacido de nuevo, camino al cielo (Juan 3:3; 2 Corintios 5:17). Te*

serviré todos los días de mi vida. Ayúdame a permanecer
lejos del pecado. Gracias por salvarme, en el nombre de
Jesús, amén.

Si usted dijo eso, y lo hizo de corazón, ahora es salvo, y pertenece a la familia de Dios (Juan 1:12; 17:9-10; Gálatas 3:26). Usted es su hijo. Tal vez no se dé cuenta o no se sienta diferente, pero toda su eternidad ha cambiado (Tito 1:2; Hebreos 5:9; 1 Juan 2:25). Usted comienza ahora un viaje emocionante ya que Dios tiene un plan para su vida.

Es muy importante que lea su Palabra diariamente, ya que su Palabra es un manual para la vida. Nos enseña cómo vivir y cómo evitar muchos de los problemas de la vida. Nos enseña cómo obtener las bendiciones para que podamos ser de bendición a los demás. Nos enseña que el propósito de la vida es alabar, adorar y obedecer a Dios. Diezmar es una de las cosas más importantes que usted puede hacer, junto con tener una actitud de amor y perdón. Es muy importante que asista regularmente a una iglesia. Asóciese con nuevos amigos cristianos, ya que le ayudarán a crecer en su Palabra. Es importante que también se bautice en agua, por inmersión completa, puesto que es una expresión externa de una experiencia interna. Usted ha muerto a sí mismo y ha resucitado a una nueva vida con Él.

No hay nada más emocionante que una vida al servicio de Dios. Él nunca me ha decepcionado ¡ni siquiera una vez! Su deseo es bendecirlo cada día para que usted pueda ayudar a otros. Él es un Dios bueno y lo ama muchísimo. Comparta con otros lo que usted ha hecho (Mateo 10:32). Y vaya y gane tantas almas como sea posible, ya que éste es nuestro llamado (Proverbios 11:30: Marcos 16:15; Romanos 1:15; 10:15; 1 Tesalonicenses 2:4).

DIOS LE BENDIGA,
BILL Y ANNETTE WIESE

Porque de tal manera amó Dios al mundo, que ha dado a su Hijo unigénito, para que todo aquel que en él cree, no se pierda, mas tenga vida eterna.

—JUAN 3:16

Notas

Pregunta 1—¿Es malo Dios por hacer el infierno?

1. Jamieson, Robert; Fausset, A. R. y Brown, David: *Comentario exegético y explicativo de la Biblia – Antiguo y Nuevo Testamento*. Casa Bautista de Publicaciones, Apartado Postal 4255, El Paso, TX 79914, EE. UU.de A. 20ª Edición, 2003.

2. Henry M. Morris and Martin E. Clark, *The Bible Has the Answer* (La Biblia tiene la respuesta) (Green Forest, AR: Master Books, 1976), 311.

3. Robert A. Peterson, *Hell on Trial* (Proceso al infierno) (Phillipsburg, NJ: P and R Publishing, 1995).

Pregunta 2—Ustedes, los cristianos, son intolerantes, ¿acaso hay un solo camino al cielo?

1. Erwin W. Lutzer, *Where Was God?* Wheaton, IL: Tyndale, 2006), 74–75. (Hay versión castellana: *¿Dónde estaba Dios?* Ed. Tyndale Español, 2007.)

Pregunta 3—¿Será Dios malo y desalmado por no permitir que una persona buena entre al cielo?

1. The Barna Group, "Beliefs: Heaven or Hell" ("Creencias: Cielo o infierno") http://www.barna.org/FlexPage.aspx?Page=Topic&TopicID=3 (consulta en línea, 1º de mayo de 2008).

Pregunta 4—¿Usted diría que Dios es desalmado por enviar gente al infierno?

1. "The Religious and Other Beliefs of Americans 2003" The Harris Poll #11, February 26, 2003, http://www.harrisinteractive.com/harris_poll/index.asp?pid=359 (consulta en línea, 7 de diciembre de 2009).

2. Nancy Missler and Chuck Missler, *Tomorrow May Be Too Late* (Mañana puede ser demasiado tarde) (Coeur d'Alene, ID: Koinonia House, 2004), 61.

Pregunta 5—¿No establece la ciencia que el hombre viene del reino animal?
1. Grant R. Jeffrey, *Creation* (Creación) (Colorado Springs, CO: WaterBrook Press, 2003), 23.
2. Charles Colson and Nancy Pearcy: *Y ahora... ¿cómo viviremos?*, Ed. Unilit, EE.UU., 1999, pág. 29.
3. Jeffrey, *Creation* (Creación), 90.
4. Ibíd., 127.
5. Ibíd., 123–124.
6. Ibíd., 124.
7. Ibíd., 140.
8. Ibíd., 127; tal como se cita en Roger Penrose, *The Emperor's New Mind* (New York: Oxford University Press, 2002). Versión castellana *La mente nueva del emperador*.
9. William Lane Craig, *Reasonable Faith* (Fe razonable) (Wheaton, IL: Crossway Books, 2008), 100.
10. Henry Morris, *Defending the Faith* (En defensa de la fe) (Green Forest, AR: Master Books, 1999), 105.

Pregunta 6—¿Dónde está Dios cuando golpea el desastre (terremoto, maremoto, huracán, etc.)?
1. Walter Ralston Martin and Jill Martin Rische, *Through the Windows of Heaven* (Nashville, TN: Broadman and Holman, 1999), 103.
2. Lutzer, *Where Was God?* (Versión castellana: *¿Dónde estaba Dios?*)

Pregunta 8—¿Setenta años de pecado merecen un castigo eterno?
1. Erwin W. Lutzer, *One Minute After You Die* (Chicago: Moody Publishers, 2007), 111. Hay versión castellana: *Tu primer minuto después de morir*, Ed. Portavoz. Michigan EE.UU. 1999.
2. Christopher W. Morgan and Robert A. Peterson, editors, *Hell Under Fire* (El infierno bajo ataque) (Grand Rapids, MI: Zondervan, 2004), 210.
3. Ibíd.

4. Morris and Clark, *The Bible Has the Answer* (La Biblia tiene la respuesta), 160.

5. Strobel, *The Case for Faith*, 181. (Edición castellana: El caso de la fe.)

Pregunta 10—Predicar "el infierno" ¿no es usar tácticas de intimidación?

1. William MacDonald, *Believer's Bible Commentary* (Nashville, TN: Thomas Nelson Publishers, Inc., 1989, 1990, 1992, 1995), 1839.

2. Robert G. Gromacki, *New Testament Survey* (Grand Rapids, MI: Baker Academic, 1974), 104.

3. Ibíd., 222.

4. Jamieson, Robert; Fausset, A. R. y Brown, David: *Comentario exegético y explicativo de la Biblia – Antiguo y Nuevo Testamento*. Casa Bautista de Publicaciones, Apartado Postal 4255, El Paso, TX 79914, EE. UU.de A. 20ª Edición, 2003.

5. Charles Spurgeon, John Wesley, and Matthew Henry, *Parallel Commentary on the New Testament* (Chattanooga, TN: AMG Publishers, 2003), 605.

6. Morgan and Peterson, eds., *Hell Under Fire* (El infierno bajo ataque), 216.

7. Jonathan Edwards, "Sermon XI: The Eternity of Hell Torments," in *Works of Jonathan Edwards*, vol. 2, viewed online at Christian Classics Ethereal Library, http://www.ccel.org/ccel/edwards/works2.iv.xii.html (consulta en línea, 10 de marzo de 2010).

Pregunta 11—¿Dios no tiene en cuenta mi corazón? ¡Mi intención es buena!

1. Lutzer, *Where Was God?* 54. (Versión castellana: *¿Dónde estaba Dios?*)

Pregunta 14—¿Dios no puede pasar por alto mis pecados?

1. Charles Stanley, *Charles Stanley's Handbook for Christian Living* (Manual de Charles Stanley para la vida Cristiana) (Grand Rapids, MI: Zondervan, 2008), 271–272.

Pregunta 15—¿Dios no puede crear un lugar distinto del infierno para que vaya el hombre?

1. Edward Donnelly, *Heaven and Hell* (Cielo e infierno) (Carlisle, PA: Banner of Truth, 2002), 61–62.

Pregunta 17—¿Dios no puede detener el mal que está ocurriendo?

1. Morris and Clark, *The Bible Has the Answer* (La Biblia tiene la respuesta), 25.

Pregunta 18—El fuego del infierno ¿es real o metafórico?

1. Charles W. Draper et al., eds. *Holman Illustrated Bible Dictionary* (Nashville, TN: Holman Reference, 2003), 745–746, s.v. "Matthew 13." (Hay versión castellana: *Diccionario Bíblico Ilustrado Holman*, B&H International, 2008).

2. Morris and Clark, *The Bible Has the Answer* (La Biblia tiene la respuesta), 74.

3. Josh McDowell and Don Stewart, *Razones*, Ed. Vida, Miami, UU.UU., 1983, pág. 26.

4. El uso de la palabra *Geenna* ha sido verificado y documentado en mi libro *Hell* (Lake Mary, FL: Charisma House, 2008), 176–179. (Versión castellana: *El infierno*. Casa Creación, EE.UU., 2009; Cap. 19)

Pregunta 19—¿Por qué los propios demonios no son atormentados?

1. Warren W. Wiersbe, *The Bible Exposition Commentary*, volume 1 (Elgin, IL: David C. Cook, 2001), 34.

2. Jamieson, Robert; Fausset, A. R. y Brown, David: *Comentario exegético y explicativo de la Biblia – Antiguo y Nuevo Testamento*. Casa Bautista de Publicaciones, Apartado Postal 4255, El Paso, TX 79914, EE. UU.de A. 20ª Edición, 2003, s.v. "Luke 4:34.

3. Matthew Henry, *Matthew Henry's Commentary on the Whole Bible* (Peabody, MA: Hendrickson Publishers, 2005), 1652–1653. (Hay versión castellana: *Comentario Bíblico de Matthew Henry, en un solo volumen*. Ed. Clie, 1999.)

4. Warren Wiersbe, *The Wiersbe Bible Commentary: The Complete New Testament* (Colorado Springs, CO: David C. Cook, 2007).

5. Bill Wiese, *Hell* (Lake, Mary, FL: Charisma House, 2008), 209–213. (Hay versión castellana: *El infierno*, Editorial Casa Creación, 2009, Cap. 24.)

6. Henry, *Matthew Henry's Commentary on the Whole Bible*, 1709, s.v. "Matthew 18:34." (Hay versión castellana: Comentario Bíblico de Matthew Henry, en un solo volumen. Ed. Clie, 1999.)

7. Spurgeon, Wesley, and Henry, *Parallel Commentary on the New Testament*, 72, s.v. "Matthew 18:34."

8. Ibíd., 76.

9. Henry, *Matthew Henry's Commentary on the Whole Bible*, 816. (Hay versión castellana: Comentario Bíblico de Matthew Henry, en un solo volumen. Ed. Clie, 1999.)

10. Ibíd., 1752.

11. W. E. Vine, *Vine's Expository Dictionary of Old and New Testament Words* (Nashville, TN: Thomas Nelson, 1996), 300. (Hay versión castellana: Vine Diccionario Expositivo de Palabras del Antiguo y Nuevo Testamento, Ed. Caribe, 2005.)

12. Henry, *Matthew Henry's Commentary on the Whole Bible*, 1661. (Hay versión castellana: Comentario Bíblico de Matthew Henry, en un solo volumen. Ed. Clie, 1999.)

13. Ibíd., 692.

14. Jamieson, Robert; Fausset, A. R. y Brown, David: *Comentario exegético y explicativo de la Biblia – Antiguo y Nuevo Testamento*. Casa Bautista de Publicaciones, Apartado Postal 4255, El Paso, TX 79914, EE. UU.de A. 20ª Edición, 2003.

15. Ibíd., 1569.

16. Lutzer, *One Minute After You Die*, 25. (Hay versión castellana: *Tu primer minuto después de morir*, Ed. Portavoz. Michigan EE.UU. 1999.)

17. Henry, Matthew Henry's Commentary on the Whole Bible, 165. (Hay versión castellana: Comentario Bíblico de Matthew Henry, en un solo volumen. Ed. Clie, 1999.)

Pregunta 20—Puesto que Dios es un Dios de amor, todos los que lo rechazan serán aniquilados (y no dejados para sufrir eternamente), ¿verdad?

1. Morgan and Peterson, eds., *Hell Under Fire* (El infierno bajo ataque), 196.

2. Peterson, *Hell on Trial* (Proceso al infierno), 197.

3. Wiese, *Hell*, 279. (Hay versión castellana: *El infierno*, Editorial Casa Creación, 2009. Capítulo 31.)

4. Peterson, *Hell on Trial* (Proceso al infierno), 178.

5. Ibíd., 201.

Pregunta 21—¿En qué difiere la religión cristiana de cualquier otra?

1. Billy Graham, *The Classic Writings of Billy Graham* (New York: Inspirational Press, 2005), 254.

2. Morris and Clark, *The Bible Has the Answer* (La Biblia tiene la respuesta), 46–48.

3. Harrison House Publishers, *Powerful Faith-Building Quotes From Leading Charismatic Ministers of All Times* (Tulsa, OK: Harrison House, 1996), 151.

4. Reuters, *"Fed Report: Belief in Hell Boosts Economic Growth,"* 27 de Julio de 2004, http://www.usatoday.com/money/economy/fed/2004-07-27-fed -hell_x.htm (consulta en línea, 28 de enero de 2010).

Para más información:

Soul Choice Ministries
P. O. Box 26588
Santa Ana, CA 92799

Web site: www.23minutesinhell.org